Por que ele não ligou?

Como os homens pensam e como fazer para que o cara certo se interesse por você

Matt Titus e Tamsen Fadal

Tradução
Rodrigo Peixoto

Texto revisto pelo novo Acordo Ortográfico

SEM
FRONTEIRAS

Título original: Why Hasn't He Called?

Ilustrações: Eddie Varley

Editora Nova Fronteira S.A.
Rua Bambina, 25 — Botafogo — 22251-050
Rio de Janeiro — RJ — Brasil
Tel.: (21) 2131-1111 — Fax: (21) 2286-6755
http://www.novafronteira.com.br
e-mail: sac@novafronteira.com.br

Cip-Brasil. Catalogação-na-Fonte
Sindicato Nacional dos Editores de Livros, RJ

T541p Titus, Matt

Por que ele não ligou? : como os homens pensam e como fazer para que o cara certo se interesse por você / Matt Titus e Tamsen Fadal ; tradução Rodrigo Peixoto. - Rio de Janeiro : Nova Fronteira, 2009. (Selo sem Fronteiras)

Tradução de: Why hasn't he called?
ISBN 978-85-209-2142-5

1. Relação homem-mulher. 2. Homens - Psicologia. 3. Mulheres - Psicologia. 4. Encontro (Costumes sociais). I. Fadal, Tamsen. II. Título. III. Série.

CDD 306.7
CDU 392.6

A minha falecida mãe, Libby, que me ensinou a amar e ser amada.
A meu pai, Jim, e a meu irmão Cristan, que são meu porto seguro e fizeram de mim o que sou hoje.
E a meu amado marido, Matt, que me dá amor, apoio e inspiração todos os dias, como parceiro e melhor amigo.

— *Tamsen*

A minha falecida mãe, Faith, quem eu gostaria que pudesse ter visto eu me tornar um homem.
A meu pai, Paul, que, além de me apoiar sempre, é um grande amigo.
E, por último mas não menos importante, a minha amada esposa, Tamsen, cujos amor e energia são infinitos. Você transformou minha vida para sempre.

— *Matt*

Sumário

Introdução

Quem somos nós: Matt Titus e Tamsen Fadal

Conheça Matt

Eu era um jogador de marca maior. Caso em questão: estava sendo levado para tirar uma radiografia numa sala de emergência, mas ainda tinha muita lábia correndo em minhas veias para puxar um socorrista para perto e sussurrar em seu ouvido: "Cara, você tem que me ajudar. Minha mulher está na sala de espera, e minha namorada está a caminho. Por favor, ligue para minha namorada e diga que estou bem e que não venha ao hospital, pois eu mesmo ligarei para ela assim que puder." Isso vindo de um cara que, vinte minutos antes, tinha se envolvido em um acidente de motocicleta quase fatal. Eu tinha chegado ao fundo do poço.

Eis a minha história.

Eu era dono de um spa e de uma rede de academias com acompanhamento especializado. Mantinha um caso com minha nutricionista havia seis meses, e naquela noite tínhamos marcado uma "avaliação do cliente" em sua casa. Tinha dito à minha querida e devotada esposa que teria uma reunião de trabalho e chegaria em casa por volta das 22h. Eu não teria muito tempo. Não seria o meu primeiro caso de infidelidade, mas certamente seria o mais desafiador. A brincadeira tinha se transformado em trabalho. Como qualquer adúltero profissional sabe, não se pode "transar e sair correndo", mesmo que seja com sua namorada. Nesse caso, ela não parecia se importar de viver o papel da "outra", mas ser desrespeitada era algo completamente inaceitável para ela. Então, para conseguir o que queria, eu tinha de tratá-la como uma *lady*, ainda que ela estivesse dormindo com um homem casado. Em que planeta eu vivia? Lá estava eu, tendo de ir ao seu apartamento, levá-la para jantar (em algum lugar isolado) e finalmente voltar à casa dela para o que havia me levado lá em primeiro lugar: sexo. Atenção: para fazer tudo isso, eu tinha apenas três horas. Claro que telefonei para minha inocente esposa, disse que estava a caminho da reunião e que chegaria tarde em casa. Sempre que fazia isso, começava a me odiar, mas imediatamente afastava esse sentimento dizendo para mim mesmo: "Esta será a última vez." Os homens são patéticos, não?

Eu certamente era.

O sinal de trânsito ainda estava amarelo, então acelerei em direção ao cruzamento. Infelizmente, o carro que esperava na outra ponta viu o sinal verde e passou na minha frente. De imediato, travei minha roda traseira, o que só aumentou minha velocidade. Motociclista inexperiente que era, entrei em pânico e freei a roda dianteira. Fui lançado por cima do guidão nove metros no ar. Meu capacete voou e meu corpo foi de encontro ao carro. Depois de bater de frente com o automóvel e cair, minha motocicleta, que me acompanhara obedientemente pelo cruzamento, serviu como um confortável colchão quase em chamas de tão quente. Os ferimentos daquele dia, físicos e emocionais, deixaram marcas para toda a vida.

E lá estava eu, confuso, deitado sobre um cano de escapamento fervendo, com um pulmão perfurado e cinco costelas quebradas. Tudo por culpa de uma "furadinha" de sinal. Que idiota!

Talvez você esteja imaginando que esse acidente tenha sido um daqueles "momentos que mudam nossas vidas" de que tanto se ouve falar na televisão. Mas não foi para minha pobre alma. Ao contrário, dediquei minha energia na semana seguinte a coordenar as visitas da minha esposa e da minha namorada ao hospital.

Costelas quebradas, uma horrível queimadura de terceiro grau e um pulmão perfurado não me impediram de continuar mentindo para minha mulher sobre a verdadeira hora da minha alta no hospital na semana seguinte. Disse-lhe que estaria livre no final do dia, quando na verdade seria liberado às 13h. Graças a essa pequena mentira, teria o tempo necessário para que minha namorada viesse e me levasse ao seu apartamento antes de eu ir para casa e encontrar minha mulher. Ainda posso sentir a dor lancinante das costelas recém-fraturadas, somada à sensação da pele queimada, que se esticava enquanto eu desesperadamente tentava fazer amor com minha namorada. Mas os meus ferimentos físicos eram pequenos se comparados ao estado da minha mente. Apesar de saber que estava colocando tudo em risco com esse comportamento, era incapaz de frear meus impulsos.

Como eu mesmo previ, perdi tudo. Três meses mais tarde, acordei e estava cheio daquilo. Nunca me esquecerei daquele final de semana. Minha esposa estava na cozinha preparando o café da manhã para mim. Parecia muito feliz apenas por ser minha esposa. Não tinha ideia do que realmente estava acontecendo. Os conceitos de mentira e de traição lhe eram tão distantes que nem mesmo passavam pela sua cabeça. Quanto mais olhava para ela, mais me odiava. Por que fazia aquilo com uma mulher tão linda, que merecia muito mais? Ela merecia o que eu não era: um homem que apreciasse tudo o que ela era e que estivesse comprometido de todas as maneiras possíveis. Eu tinha que parar de ser tão egoísta e deixá-la livre. Se havia escolhido viver minha vida como um idiota, isso deveria afetar apenas a mim. Em certo momento, o peso de minhas constantes mentiras e infidelidades ficou muito difícil de carregar. Confessei tudo. Quando vi a dor e a angústia estampadas em seus olhos, jurei que nunca mais causaria isso a qualquer outra pessoa.

Meu casamento acabou naquele momento. Deixei minha esposa e fiquei com minha namorada. Como era de se esperar, o caso também acabou de forma terrível. Por sentir-me responsável pelo fim do meu casamento, deixei tudo o que tínhamos para minha ex-mulher. Começaria do zero com a pessoa que eu imaginava ser "o verdadeiro amor da minha vida". Infelizmente, cometi um erro na seleção da minha alma gêmea. A verdade é que a relação com minha namorada não tinha nenhuma profundidade. Baseava-se em endorfina e adrenalina produzidas pelas puladas de cerca. Em apenas três meses, percebi que minha "alma gêmea" não tinha nada a ver comigo. O relacionamento terminou. E terminou mal. Eu não tinha esposa. Não tinha namorada. Não tinha dinheiro. Tudo o que eu tinha era uma bicicleta.

Nos dias e nas semanas que se seguiram, dormi no sofá de um amigo, assombrado todas as noites por minhas mentiras e infidelidades passadas. À noite, eu olhava a escuridão da cidade e sentia uma solidão gélida que nunca tinha experimentado em toda a minha vida.

Certa noite, voltava do trabalho para casa sob uma chuva torrencial. Estava no meio da rua, em minha bicicleta, competindo por espaço com caminhões e ônibus, e com uma leve esperança de que um deles batesse em mim e acabasse com a minha desgraça. Eu estava mergulhado numa angústia insuportável. Havia perdido minha melhor amiga (minha ex-mulher), e morria de culpa. Há certos momentos na vida de uma pessoa que são importantes para a criação de novas fronteiras e promessas de mudança; e, para mim, esse foi um deles. Com a chuva caindo no meu rosto e os carros passando rente a mim, jurei nunca mais desrespeitar, enganar ou ser infiel a outra mulher.

Muito tempo se passou desde aquela noite chuvosa de anos atrás. Eu não apenas mantive minha promessa de nunca mais desrespeitar, enganar ou ser infiel a uma mulher, como transformei minha vida em uma missão de ajudar as mulheres a entenderem os homens. Fiz isso unindo um programa de encontro de casais ao meu já estável negócio de academias com *personal trainers*. Esse casamento (peço perdão pela brincadeira) surgiu quando percebi que, enquanto ajudava pessoas a melhorar seus corpos, suas vidas amorosas eram extremamente infelizes. Percebi que muitos deles não sabiam absolutamente nada sobre o sexo oposto ou sempre faziam escolhas erradas em relação aos seus parceiros. Sabia que, com minha experiência relatada em primeira mão, eu poderia ajudar.

Com o tempo, mais e mais pessoas ouviram falar do meu serviço de "consultor amoroso". Minhas únicas credenciais eram minhas experiências de vida em relacionamentos. Minha técnica consistia simplesmente em contar aos meus clientes o que eu tinha feito de certo, de errado e o que tinha aprendido ao longo do caminho. Ainda assim, as pessoas aceitavam meus conselhos com resultados positivos. Não demorou muito até que eu começasse a apresentar meus clientes uns aos outros; pessoas que, de outra forma, não se conheceriam. Muitos desses encontros foram um sucesso. Meus clientes contaram aos seus amigos sobre o serviço, e logo outras pessoas faziam fila à minha porta para receber um treinamento consistente em relacionamentos e encontrar um parceiro em potencial. Estava criado o Pequeno Livro Negro de Matt (PLNM), um serviço de arranjo de casais.

Então encontrei Tamsen (vou deixar que ela dê os detalhes). Somos parceiros em todos os sentidos. Temos o que considero ser todos os ingredientes de uma relação de sucesso. Estamos felizes por estarmos juntos, e eu a respeito por sua inteligência e energia constante para buscar o melhor para si mesma. São essas duas características que me mantêm nos trilhos e garantem que nunca me cansarei dela. Sem contar quanto sou atraído por ela. Passarei alegremente o restante de minha vida ao seu lado. Temos tudo, e tudo parece perfeito dessa vez. Quanto à minha ex-mulher, ela se casou novamente, com um ótimo cara, e eles têm duas lindas crianças.

Criei o PLNM há quatro anos. Nesse meio-tempo, apresentei mais ou menos dois mil homens e mulheres e tenho o orgulho de dizer que meu serviço foi responsável por vários relacionamentos duradouros e casamentos felizes.

Para minha sorte, Tamsen decidiu unir-se a mim e ajudar meus clientes a tomar a direção certa. Juntos, vamos até onde for preciso para fazer com que as mulheres entendam a mente masculina. Até nos colocamos disponíveis para nossos clientes 24 horas por dia (por mensagens de texto) para termos certeza de que não darão um passo em falso no processo. Esse serviço começou a ser oferecido quando uma de nossas clientes, durante um encontro arranjado por nós, começou a nos enviar milhões de mensagens perguntando se deveria aceitar o convite para um último drinque na casa dele. Esse incidente também plantou as sementes de outra empreitada: sassybean.com.

Sassybean.com é um site que nos permite atender milhares de mulheres por meio de uma revista on-line gratuita que trata das questões mais comuns sobre encontros, relacionamentos e as loucuras da mente masculina. Essa dose de conselhos é acompanhada por uma fantástica ilustração sobre o tema da semana. No site, oferecemos uma série de dicas, de modo leve e divertido, que ajuda as mulheres a se sentirem bem consigo mesmas.

Tamsen e eu enfrentamos os mesmos problemas que todos os casais. Brigamos, discutimos e fazemos as pazes como todo mundo. E é por isso que consideramos nossos próprios conselhos melhores que os de um "especialista" — porque eles nascem de experiências reais. Nós nos amamos de verdade e realmente esperamos ser capazes de ajudar outras pessoas a encontrar o amor igual ao que encontramos.

Conheça Tamsen

EU ERA UMA JORNALISTA de sucesso com um Emmy debaixo do braço, mas minha vida amorosa era um completo desastre. Minha má sorte nos encontros me seguiu até a Filadélfia, para onde me mudei por causa de um trabalho importante para a televisão. Passando 24 horas por dia na emissora, acabei namorando caras do trabalho — três ao mesmo tempo. Com um deles, me envolvi porque adorava ter controle sobre homens poderosos. Com os outros dois, por conveniência e um pouco de atenção. Sabia que nenhum dos três servia para mim, por isso não havia qualquer possibilidade de envolvimento afetivo. Sempre namorei caras com os quais sabia não ter qualquer futuro, mas com quem poderia passar o tempo e me divertir. Como descobri mais tarde, isso pode se transformar num jogo perigoso.

Tudo veio à tona certa noite, quando eu estava sentada à minha mesa, louca para ficar um pouco sozinha. Ironicamente, desejava um pouco de solidão justamente quando namorava três homens que não me interessavam para evitar ficar sozinha. Sentada, tentando preparar o que falaria no noticiário das onze, ouvi a voz do Cara nº1 e percebi que precisaria de uma ótima desculpa para dispensá-lo. Sentindo os pelos de minha nuca arrepiarem (o que acontece com todas nós, mulheres, quando estamos perto de homens que não queremos ver naquele momento), ouvi-o sussurrar no meu ouvido um convite para um drinque tarde da noite em seu apartamento. De alguma maneira, consegui sorrir e dizer que

estaria lá em uma hora. *Argh!* Quando comecei a derreter por dentro, o telefone tocou. Atendi sem pensar e escutei uma voz muito familiar no outro lado da linha, era o Cara nº2: "Oi, gata, não é legal você poder me ver quando eu te ligo? É como uma teleconferência para nós dois!" (Nossas mesas eram próximas o bastante para que pudéssemos nos ver.) O Cara nº2 não era tão poderoso quanto o Cara nº1, nem tão inteligente, mas sem dúvida era uma gracinha. Consegui murmurar que estava atrasada e falaria com ele depois do telejornal. Ele disse: "Sem problemas, gata, podemos conversar enquanto tomamos uns drinques hoje à noite. Lembre-se, hoje é quarta, a nossa noite. Te vejo às 23h30." Ao desligar o telefone, calculei a distância da minha mesa até a janela e realmente considerei pular. Mas não teria dias de folga suficientes para me recuperar. Estava quase conseguindo voltar a ler o *script* do jornal quando fui girada na minha cadeira e me vi frente a frente com o Cara nº3, que trabalhava em outra parte do edifício. Ele queria "conversar", já que eu não retornava suas ligações havia uma semana. Parecia tão desesperado e chateado que não tive como fugir do cafezinho que marcamos para mais tarde. Pensei: "Como cheguei a esse ponto?" Não sabia o que estava fazendo, namorava com a habilidade de uma adolescente e escolhia homens que não tinham nada a ver comigo.

Aos trinta anos, tinha uma carreira de muito sucesso na televisão, amigas fantásticas e uma vida social repleta. Mas estive tão ocupada trabalhando e me relacionando com os homens errados que não tinha perspectivas de uma vida a dois a longo prazo. Não me entenda mal, não acho que todo mundo precisa de um homem para ser feliz. Passei muitos anos felizes solteira, mas de repente quis algo mais... foi quando surgiu Matt.

Conheci o Matt quando trabalhava na Filadélfia. Lá estava ele, atraente, bem-sucedido e com uma personalidade que encantaria qualquer pessoa. Nós nos cruzamos diversas vezes em inaugurações de seus spas, academias e demais empreendimentos. Ele era um verdadeiro *bon-vivant* e tinha a fama de ser um sucesso entre as mulheres. No entanto, por fonte segura, ouvi dizer que ele tinha passado por maus momentos. Então, quando ele se aproximou de mim na academia e me convidou para um café, o que vi em seus penetrantes olhos azuis não foi o conquistador que diziam ser, mas um cara verdadeiro e sincero que tinha aprendido muito com lições duras da vida.

Ainda assim, não abaixei a guarda. Peguei seu telefone e dei o meu a ele sem qualquer promessa de nos encontrarmos futuramente. Ainda não tinha certeza se estava pronta para um relacionamento. Pensei que, se fôssemos namorar, eu faria tudo com cuidado. Então lhe disse que ainda estava com os outros caras e que ele deveria saber que eu não estava disponível, a menos que me convidasse para sair mais para a frente.

Matt se vingou de mim. Saímos diversas vezes, mesmo depois de inúmeras desculpas inventadas por mim para continuar com o malabarismo dos meus outros namorados. Ele estava tão obstinado que me acompanhou até o encontro que havia marcado com outro cara! Eram 23h30, eu tinha acabado de sair do trabalho, chovia, e meu encontro seria a poucos quarteirões de distância. Matt apareceu com um guarda-chuva e me levou até lá mesmo assim. Isso que é um homem dedicado!

Nunca liguei para Matt. A gente se via uma vez por semana ao longo do primeiro mês, e nunca me perguntei: "Por que ele não ligou?" Simplesmente porque ele sempre ligava. E eu queria que me ligasse.

Em pouco tempo, os outros homens com quem eu saía foram sendo jogados para escanteio. Eu me liguei a Matt de uma forma que nunca havia imaginado ser possível. E nesse tempo continuei a ver meus colegas de trabalho e amigas cometendo os mesmos erros que eu cometia antes de conhecer Matt. Por isso, decidi juntar forças com ele para levar nossas lições às massas. Meu papel no PLNM é oferecer aos homens um olhar sobre a misteriosa mente feminina. Além disso, dou às mulheres conselhos sobre aparência, atitude e comportamento, além de adicionar toda a minha experiência jornalística e investigativa no momento de avaliar nossos clientes. Sou especialista em perceber os homens e as mulheres que estão realmente em busca de sua alma gêmea. Se alguém não está pronto para um relacionamento, não aceitamos. Também escrevo no sassybean.com. Todos os dias, Matt e eu nos reunimos para responder a dezenas de e-mails de mulheres (e de alguns homens) sobre como namorar, amar ou ser feliz sem um parceiro. Tentamos ser encorajadores e firmes em relação ao que se deve e não se deve fazer em encontros. Oferecemos também os Segredos do Clube do Bolinha do Matt, além de dicas de beleza e estilo.

Por que ele não ligou?

Minha intenção com este livro *não* é postular dogmaticamente o que fazer ou não para ser uma solteira inteligente e sexy, mas oferecer uma visão inédita sobre o que os homens realmente pensam e como se comportam. Trabalhei com milhares de mulheres que só queriam ter um bom relacionamento. Neste livro, pretendo mostrar como identificar os "jogadores de marca maior", como perceber os homens preparados para uma relação séria e como evitar os que deveriam vir com uma placa indicando: solteiros convictos. É minha paixão trabalhar com Tamsen nessa orientação pelo mundo imprevisível, e muitas vezes louco, dos encontros amorosos. Fazendo isso, me transformei num "traidor" do meu próprio gênero, pois revelo prazerosamente todos os segredos infames do Clube do Bolinha.

Quando você terminar de ler *Por que ele não ligou?*, terá aprendido tudo de mais importante que as mulheres devem saber para se transformar no que eu chamo de "poderosa". Este livro dirá aonde você deve ir para encontrar o homem certo e como ter sucesso no jogo de sedução. Saberá também o que os homens gostam de ver num primeiro encontro, bem como os passos em falso que poderão eliminar todas as chances de um segundo encontro. Entre outros assuntos, falaremos sobre quanto tempo você deve esperar até dormir com ele. Este livro vai deixá-la um passo à frente dos homens, pois você saberá como eles pensam e como prever suas atitudes.

COMO MULHER, sei que muito tempo depois do fim de um encontro, ainda tentamos interpretar cada movimento dele e ponderar cada palavra dita. Meu objetivo com este livro é ajudar as mulheres a parar de perder tempo com os caras errados e a encontrar os certos. *Por que ele não ligou?* não vai apenas deixá-la preparada para quando o telefone tocar ou quando ele não tocar, mas também vai garantir que você nunca mais volte correndo para casa em busca de um recado na secretária eletrônica e que pare de checar toda hora o seu celular para ter certeza de que não perdeu nenhuma chamada.

Depois de ler este livro, você terá aprendido a como encontrar o homem que ligará de volta e imediatamente se esquecer daqueles que nunca pensaram em tirar o telefone do gancho.

CLUBE DO
BOLINHA
PROIBIDO
ENTRADA
DE
MULHERES

1
Segredos do Clube do Bolinha

EM ALGUM BAR da moda em Nova York, um primeiro encontro com muitos drinques está acontecendo.

Eis os fatos inegáveis:

- Os dois envolvidos estão, em algum nível, interessados um no outro;
- Eles concordaram em se encontrar em um certo lugar, a uma certa hora.

No mundo dos encontros amorosos, esses são os únicos fatos indiscutíveis quando se trata de um homem e de uma mulher que saem pela primeira vez.

Veja as versões dela e dele para o primeiro encontro. Vamos compará-las.

A versão dela

ELE CHEGOU NA HORA e já estava sentado a uma mesa. Deve ter reservado com antecedência, pois era a melhor mesa do lugar. Isso é muito atencioso da parte dele; deve me achar especial.

Ele estava muito bonito. Fico imaginando como arranjou tempo para passar em casa, tomar banho, fazer a barba, trocar de roupa e ainda por cima chegar na hora. E fez tudo isso por minha causa. Nossa!

A conversa fluiu bem. Ele parecia interessado em cada palavra que eu dizia e não parava de perguntar se eu queria algo mais para beber — um cavalheiro! E muito responsável, pois me disse que só poderia ficar até as 22h, já que tinha uma reunião no dia seguinte de manhã. Adoro caras comprometidos com suas carreiras.

Ele mencionou que estavam chegando as bodas de prata de seus pais, então não deve ter problemas com casamento. Quando o jantar terminou, caminhamos um pouco juntos, falando sobre qualquer coisa que nos viesse à mente. Foi muito romântico. Quando chegou a hora de ele seguir em outra direção, olhou bem nos meus olhos, disse ter se divertido muito e que me ligaria em breve. Ele se aproximou para me beijar, e eu ofereci meu rosto. Nunca beijo em primeiros encontros. Então ele sorriu e disse "boa noite". Que fim maravilhoso para um encontro perfeito! Não vejo a hora de ele me ligar.

A versão dele

VOLTAVA PARA CASA ontem à noite quando me lembrei que tinha prometido encontrar com uma garota depois do expediente. Pensei em cancelar, mas, enfim, nunca se sabe o que pode acontecer. Por sorte, tinha tudo de que precisava no carro, desde o fim de semana passado, quando dormi em outra cidade com uma garota. Usei meu barbeador elétrico, depois vesti uma camisa polo quase limpa e meu jeans usado. Nada mal para uma arrumação no banco de trás do carro!

Cheguei ao restaurante dez minutos antes. Vi que eu e seja-lá-qual-for-seu-nome teríamos de esperar, pois o lugar estava lotado. Mas logo me lembrei: "Claro, o nome dela é Sheila, não posso me esquecer. Droga!" Estava prestes a ir para o bar quando me dei conta de como a *hostess* era gostosa, então resolvi tentar uma conversa. Ela era incrível: além de me dar seu telefone, me ofereceu a melhor mesa do lugar.

Sheila apareceu e, sim, ela é atraente, mas não tão gostosa quanto eu me lembrava. Meu Deus, no que estava pensando quando concordei com esse encontro? Devia estar louco. Sheila falava tanto que imaginei estar tendo um transe hipnótico enquanto olhava para ela. Tentei embebedá-la, mas ela não era de beber muito. Eu me sentia ardendo nas chamas do inferno com uma matraca medíocre.

Não tinha outra saída a não ser tirar da manga a carta da "reunião de trabalho", o que, aliás, funcionou bem. Achei que assim conseguiria encerrar o encontro, mas ela me seguiu quase até a porta do meu prédio. Eu não conseguia me livrar dela! Finalmente, entrei numa rua lateral próxima ao meu apartamento apenas para me afastar. Quando parei para me despedir, ela não me pareceu assim tão mal. Talvez a luz da rua incidindo em seu rosto tenha favorecido. Pensei: "Que se dane, ela também não deve parecer tão feia de costas." Talvez, se a beijar apaixonadamente, ela fique louca por mim e vá ao meu apartamento. Quando me aproximei para beijá-la, ela me ofereceu o rosto. Eu não pude acreditar. Foi o fim da picada. Eu disse que ligaria... até parece!

ESSA SITUAÇÃO parece familiar? Deveria, pois se repete mais vezes do que admitimos na Terra dos Solteiros. Toda semana, Tamsen e eu conversamos com dezenas de mulheres que nos fazem as mesmas perguntas: "No que ele está pensando?"; "Ele gosta de mim?"; "POR QUE ELE NÃO LIGOU?!"

Neste capítulo, você vai ter o privilégio de conhecer alguns dos mais bem-guardados segredos do Clube do Bolinha, como, por exemplo, as duas categorias que os homens usam para definir as mulheres. (É isso mesmo, apenas duas. Nós, homens, não somos nada complicados.) Além disso, dissecaremos o primeiro encontro que acabamos de descrever para apontar as diversas bandeiras vermelhas de perigo que balançamos para as pobres mulheres. Finalmente, vamos oferecer uma tabela com a descrição de cada um dos diferentes tipos de "galinhas" que você poderá encontrar ao entrar em campo. E, ao longo deste e dos capítulos seguintes, sempre que uma armadilha surgir, vamos oferecer soluções testadas para cada problema.

Bem-vinda ao Clube do Bolinha

A PRIMEIRA COISA que você deve saber sobre o Clube do Bolinha é que seus membros mantêm elos praticamente invioláveis. A lealdade entre eles é mais profunda do que o oceano. Seu código de silêncio compete com os da máfia. Eles vão mentir, trair e roubar em nome dos outros membros com a facilidade de políticos corruptos. Você deve estar pensando que se há todo esse sacrifício, risco e lealdade absoluta como requerimento aos participantes, é mais difícil ser admitido nesse clube do que ser presidente do país. Mas não é bem assim. Na verdade, o único pré-requisito é ter um "pequeno membro" próprio. Esse "pequeno membro" tende a controlar os homens aos quais estão atados e tem a capacidade de dominar todo o raciocínio deles, principalmente quando estão muito próximos a mulheres atraentes.

É sério, os homens são fiéis uns aos outros porque seu código genético está programado para isso. A monogamia é um comportamento social que os seres masculinos não aceitam de imediato. Pense bem: historicamente, o papel do homem era o de andar por aí e perpetuar a espécie engravidando o maior número possível de mulheres. Com a introdução das "gaiolas morais", como monogamia, casamento e compromisso, os impulsos sexuais instintivos dos homens foram reprimidos. Por exemplo, quando um homem comprometido encontra outra mulher com quem gostaria de dormir, seu instinto de correr em sua direção é tão forte que bloqueia temporariamente sua moralidade. A boa notícia é que um número maior de homens maduros é capaz de manter tais pensamentos guardados a uma distância segura, em "gaiolas morais". Seus pensamentos nunca se transformam em ações. Agora, a má notícia é que esse bloqueio gera uma enorme frustração. Todos os homens a sentem. Uma forma de driblar esse sentimento e se rebelar — mantendo suas gaiolas bem fechadas — é ajudar um amigo a escapar para um caso ou para uma pulada de cerca.

Resumindo: o Clube do Bolinha é um produto do comportamento rebelde dos homens, resultado de uma sociedade que tenta civilizar e controlar seus instintos sexuais. São os sentimentos de frustração que levam os homens a se agrupar e ajudar uns aos outros mentindo, traindo ou mantendo silêncio em troca de um objetivo final: fazer sexo com uma garota que não é sua esposa ou namorada.

"Dormiria com" *versus* "não dormiria com"

ANTES DE ANALISARMOS "o primeiro encontro", vamos voltar no tempo para ver onde tudo isso começou. O homem das cavernas habita em todos os homens modernos de uma forma não tão silenciosa quanto parece. Todos os momentos de humor sagaz, conversas intelectualizadas e gestos românticos são premeditados; estratégias usadas para atingir um único e claro objetivo: levar a mulher para a caverna. Se os homens fizessem tudo à sua maneira, não haveria conversa, apenas uma rápida passada pela caverna, seguida de satisfação momentânea. Sem papo, sem troca de emoções, apenas satisfação física. Sim, os homens evoluíram. Eles andam eretos e vestem ternos, mas na maior parte dos casos isso é tudo o que temos a dizer sobre sua evolução.

Hoje, vejo que o homem moderno não passeia por aí à toa, mas sim procurando uma mulher das cavernas para si — e tal mulher é tão pouco civilizada quanto ele. Agora veja o que se passa na mente de um homem na primeira vez que repara em você. Ele imediatamente a classifica em uma de duas categorias: "dormiria com" e "não dormiria com". Uma vez que tenha se decidido pela categoria "dormiria com", mais três coisas passam por sua cabeça:

1. Como ela ficaria na minha cama, com suas roupas jogadas no chão?
2. Que expressão terá seu rosto quando eu a beijar?
3. Quanto ela exigiria em uma relação? Eu poderia lidar com isso?

Quanto mais atraído um cara está por uma mulher, mais esforço fará para que ela se sinta feliz. Os homens ficam cegos por seus prazeres visuais e são capazes de fazer praticamente tudo para dormir com uma mulher bonita. Quando surge uma forte atração sexual, uma resposta guiada pela testosterona desarma suas barreiras racionais. O comportamento resultante já deu início a guerras (Helena de Troia), pedidos de *impeachment* de presidentes (Bill Clinton e Monica Lewinsky) e levou à ruína muitas vidas, pessoal e profissionalmente, culminando em desagradáveis divórcios estampados nas primeiras páginas de jornais.

Os homens tratam as mulheres classificadas como "não dormiria com" como as pessoas tratam seus enteados feiosos: como cargas secundárias. Além do mais, os homens recuperam a sensibilidade e a razão quando lidam com mulheres que não os atraem sexualmente. Finalmente, essas são as únicas que realmente podem ser amigas dos homens.

Eis outro segredo pré-histórico do Clube do Bolinha: as ações masculinas podem ser completamente controladas por seus objetos de desejo. No instante em que um homem começa a desejar uma mulher, ele passa a estar sob seu controle. Se ela souber aproveitar o momento, estará sempre no comando da relação. A sexualidade feminina é a força mais poderosa da face da Terra: pode funcionar como a criptonita dos homens. Nos últimos capítulos, Tamsen e eu explicaremos como, uma vez que ele tenha ligado, você poderá fortalecer sua sexualidade para conseguir o relacionamento mais satisfatório possível.

Dissecando "o primeiro encontro"

CHEGOU A HORA DE dissecarmos "o primeiro encontro" para que, na próxima vez, você aja estrategicamente em vez de agir emocionalmente. A mulher que descrevemos antes ainda deve estar em casa, esperando pelo telefonema daquele idiota. Se ela entendesse os homens, saberia que nunca existiu qualquer chance de ele ligar; ou melhor, ela não ia nem querer que ligasse. Para ela, o cara pareceu ter feito tudo certo: chegou na hora marcada; conseguiu a melhor mesa; ouviu o que ela dizia. Mas eis algumas bandeiras vermelhas que ele acenou e que seriam óbvias caso ela estivesse atenta.

Bandeira vermelha: Ele não falou muito.
Interpretação: Só ela falou, provavelmente para que houvesse uma conversa. Mas o fato de ele estar ouvindo, sem se envolver no papo, era o primeiro sinal de que o encontro ia por água abaixo.

Bandeira vermelha: Ele terminou o encontro.
Interpretação: Ele não estava muito interessado. Homens não terminam encontros com mulheres que pretendem rever. Na verdade, eles normalmente fazem qualquer coisa para prolongar a noite, sugerindo mais um drinque ou um passeio.

Bandeira vermelha: Ele começou a andar em direção ao apartamento dele.
Interpretação: Ele queria escapar. Homens realmente interessados querem ter certeza de que as mulheres chegaram bem às suas casas para que possam voltar a vê-las! Nunca saem correndo, imaginando, sem muita preocupação, que elas chegaram bem. Um homem interessado nunca corre para o carro e deixa a mulher para trás, mexendo nas suas chaves e tentando lembrar onde estacionou.

A mulher não fez nada de errado. Apenas teve expectativas pelo encontro e aproveitou a noite. Por isso é tão importante entender que existem certos jogadores no jogo do amor que podem se disfarçar muito bem. Do "amador" ao "jogador que não está jogando", se você está num encontro, o importante é saber quem está no time adversário!

Jogadores em campo

O CARA DO TAL "primeiro encontro" é um dos muitos jogadores em campo. Ele parecia agradável, fácil de lidar e disse as coisas certas. Ele apareceu (o que já é difícil para alguns caras), ouviu o que ela tinha a dizer e falou as palavras que tantas mulheres esperam a noite toda para ouvir: "Vou te ligar." Vamos imaginar que você estivesse no mesmo contexto.

Você sai para o primeiro encontro com um cara. Você gosta dele, mas como saber se ele é o cara certo? Como saber se não é um mulherengo, um cara com fobia de compromisso ou alguém que você simplesmente não gostaria que ligasse?

Como consultor amoroso, me esforço tanto para manter as mulheres longe dos homens errados quanto para fazê-las encontrar "o cara". Por natureza, as mulheres são generosas e maternais e, como resultado, mais dispostas a sacrifícios e a aceitar o inaceitável para salvar um relacionamento falido. Evite perda de tempo e sofrimento. Não deixe que isso aconteça com você. Agora vou dar umas dicas para identificar que tipo de jogador está em campo.

Cara do tipo 1: O jogador amador

O cara está tentando ir para a cama com você, isso é óbvio. Veja:

➤ **O dia:** O primeiro encontro foi numa segunda, terça ou quarta-feira. Essas noites não têm importância para os homens. Então, investir um pouco de seu tempo num caso de uma noite não custa nada. Eles sempre podem assistir à reprise do jogo na televisão ou deixar o encontro com os amigos para outro dia.

➤ **O esforço:** Lembre-se de que homens são geralmente preguiçosos. Então, se ele não achar que você é superespecial, vai fazer o mínimo de esforço possível para tentar dormir com você. Isso significa que vai escolher a hora e o lugar que lhe convém. Vocês acabarão se encontrando num local próximo à casa dele, e o encontro acontecerá pelo menos duas horas após o fim do expediente, para que ele tenha tempo de ir à academia, checar os resultados do futebol e andar pelo apartamento enquanto joga conversa fora com um de seus amigos idiotas pelo telefone.

➤ **O lugar:** Ele vai escolher um local extremamente casual, do tipo caseiro e barato. Vai esperá-la por lá, e já terá bebido umas cervejas. Quando você chegar, o amador vai fazer um sinal com o dedo para você encontrá-lo no bar. Ele não vai esperar do lado de fora como um cavalheiro.

➤ **Sua aparência:** Ele vai estar limpo, e só. Eis o tipo de cara que não liga muito para aparência. Estará vestido de forma confortável, sem estilo.

➤ **Sua motivação:** Ele tentará empurrar o máximo de álcool possível pela sua garganta. Isso significa que poderá parecer um cavalheiro ao oferecer um drinque, ou dois, ou três, ou quatro. Como o homem mediano é mais burro do que a mulher mediana, ele vai precisar que você esteja bêbada para que ache as piadas dele engraçadinhas. Também vai querer ter certeza de que você não perceberá suas tentativas patéticas de ter com você uma noite de amor e nada mais.

➤ **Sua tática:** Ele vai tocá-la e apalpá-la após o segundo drinque, ou 45 minutos após o início do encontro, seja lá o que vier antes. Homens tendem a perder a paciência quando sua "outra cabeça" toma o controle.

➤ **Sua cartada final:** Quando você estiver suficientemente "ligada" — louca, embriagada ou "alegre" —, ele começará a falar que a casa dele fica ali na esquina e que adoraria ouvir a sua opinião sobre um tapete ou uma planta que acabou de comprar. Se você não aceitar a insinuação patética e permanecer no bar, posso garantir que ele logo perceberá que está ficando tarde, que tem de "madrugar" no dia seguinte e que precisa ir para a cama. Esse tipo de cara não é esperto o suficiente para ser sutil. Seu ataque final é ab-rupto e óbvio. Assim que perceber que não vai a lugar algum com você, ele começará a se afastar.

Em resumo: Um jogador amador é jovem ou imaturo e rude. Sua beleza é a arma para a sedução. Seus movimentos são óbvios e fracos. Ele está na fase da vida em que as garotas são um esporte, e só está interessado em bater recordes. Não importa o que ele diga, a ideia de uma relação séria lhe é mais difícil de ser compreendida do que uma língua estrangeira. Se você não se importar com um encontro casual, vá em frente. Mas saiba que, enquanto você estiver "na vergonhosa volta para casa" na manhã seguinte (ele não vai lhe pagar um táxi), se ainda não tiver esquecido seu nome, ele o terá substituído por um número. Sim, nós, homens, contamos quantas mulheres passaram por nossas camas. Não sei por quê, mas fazemos isso. O jogador amador acha que inteligência, personalidade e bom papo são menos importantes quando se trata de levar uma mulher para a cama. Ele gosta de mulheres bobas, fáceis e vencidas. Sua mulher ideal é uma boneca inflável com vocabulário limitado.

Regras para lidar com um jogador amador, se for preciso

Regra número 1: Se você sai com um amador, deve aprender a compartimentar. Identifique a abrangência do relacionamento e tire o máximo de proveito que puder. Por exemplo: se a sua carreira e seus amigos consomem 90% do seu tempo, ter uma relação satisfatória puramente sexual pode ser perfeita para o seu estilo de vida. Não há nada de errado nisso. Não faz de você uma imoral, uma vagabunda ou uma mulher fácil. Você é uma mulher inteligente com habilidade de satisfazer suas necessidades sexuais. Esteja certa de escolher esse caminho, pois não há volta. E não crie expectativas. Se você está num momento da vida em que seu verdadeiro desejo é ter um relacionamento bem-sucedido, por favor, não procure um cara como esse para suprir suas necessidades. Você não será *aquela* garota que o fará querer dormir com apenas uma mulher e esquecer-se dos amigos e da vida descomprometida. Mesmo que não espere nada dele, não fique no seu pé, não ligue a toda hora, nem mesmo preencha todas as suas fantasias na cama, ele ainda assim não ligará para você. Nessa fase da vida, ele não tem os recursos emocionais necessários para um relacionamento sério.

Regra número 2: Não haverá outros encontros com esse cara depois que vocês passarem uma noite juntos.

Regra número 3: Só haverá drinques na alta madrugada, chamadas para um sexo casual e rapidinhas pré-programadas.

Regra número 4: Mantenha contato com ele apenas uma vez por semana se o seu interesse for puramente sexual, como foi comentado anteriormente.

Regra número 5: Nada de carinhos, só alguns beijos quentes na boca. E, definitivamente, não olhe nos seus lindos olhinhos.

Regra número 6: Nunca, nunca, nunca passe a noite inteira com ele.

Regra número 7: Não entre em conversas pessoais profundas que revelem suas necessidades afetivas, seus objetivos futuros ou que descrevam sua alma gêmea.

Cara do tipo 2: O verdadeiro profissional

Esse cara também só quer tirar sua calcinha, mas você nem vai suspeitar.

➤ **O dia:** O encontro provavelmente será numa sexta-feira ou num sábado. Sua tentativa de mascarar as reais intenções precisa ser certeira.

➤ **O esforço:** Tudo o que ele faz — desde a maneira como a chama para sair e como vai buscá-la ao lugar que escolhe para jantar — será feito para causar efeito. Mas, se você imagina que poderá acompanhá-lo em tudo, fique atenta: no máximo, ele a levará para jantares e quartos de hotel. Ele é muito egoísta e, no final, acabará sendo mesquinho. Só gasta dinheiro com ele mesmo.

➤ **O lugar:** Ao contrário do jogador amador, o jogo do verdadeiro profissional é bem elaborado. É difícil identificá-lo. Ele poderá tomar medidas extremas para ser convincente; é um *showman* sem alma e nenhuma profundidade. Seu primeiro encontro com esse grande manipulador será um jantar. Cafezinhos ou drinques não são suficientes para a sua performance. Ele precisa ser visto como um "chefão". O dono do restaurante vai bajulá-lo até praticamente beijar o anel rosa em sua mão (essa história de anel rosa foi apenas para dar um efeito... se ele realmente usar um desses, FUJA!), tirar vocês dois da fila e providenciar imediatamente uma mesa. O verdadeiro profissional vai querer ter certeza de que você estará vendo quando ele fizer o show tão másculo de deixar uma gorjeta para o gerente ao apertar-lhe a mão em agradecimento. Vai se portar de forma controladora. Isso significa que ele decidirá o seu drinque, o vinho do jantar e o seu prato. Isso pode parecer cavalheiresco no princípio, mas não se engane. Não é essa a sua real intenção. Ele está impondo o tom do relacionamento, e ter o controle total é o seu ritmo.

➤ **Sua aparência:** Ele é um mestre no uso de artifícios que o ajudarão a criar o enredo perfeito. Esses artifícios incluem marcas como Rolex, Porsche e Gucci. Esse homem é puro ego. Sua intenção é impressionar três tipos de pessoas: você, todos os que estão à sua volta e, o mais importante, ele mesmo. Ele vai tentar impressioná-la com o seu melhor logo de cara, e o seu "melhor" se resume a objetos materiais, já que é desprovido de alma própria.

➤ **Sua motivação:** Desenhar uma figura fantasiosa da perfeição masculina, utilizando-se de atitudes cavalheirescas, restaurantes renomados, objetos materiais e atenção exclusiva. Dessa forma, cria uma cortina de fumaça que obstrui seu julgamento o bastante para que você abaixe a guarda e durma com ele.

➤ **Sua tática:** Quando estiver ao seu lado, ele tentará fazer com que você se sinta a única mulher do mundo. Tenha cuidado: ele fará isso com uma combinação de elogios não apenas à sua aparência, mas também ao seu intelecto e à sua personalidade. Serão ditos tranquilamente e nos momentos certos, para dar a ilusão de sinceridade e autenticidade.

➤ **Sua cartada final:** Lembre-se de que tudo o que esse cara faz é premeditado, desde as perguntas superficiais sobre você — pensadas para que você imagine que ele se importa — até a maneira incrivelmente doce como dirige cada conversa para si mesmo. Ele lançará mão da "cartada da sobremesa" no seu primeiro encontro. Deixe-me prepará-la para essa estratégia final. Ele terá pedido com antecedência que preparassem uma sobremesa incrivelmente sexy, como um suflê de chocolate, que demora uma boa meia hora para ficar pronto. Terminado o prato principal, e com o vinho de sobremesa já servido, ele vai mudar de posição para sentar-se ao seu lado. Levantará sua taça e fará um brinde com uma forte conotação sexual. A isso se seguirá uma tentativa de servi-la de suflê de chocolate entre beijos na bochecha e no pescoço.

Em resumo: Esse cara vai tentar fazer de tudo para que você acredite que ele está enormemente interessado. É um jogador experiente. Ele chega rápido e rasteiro com todas as suas armas para que você acredite que ele seja o homem ideal. Mas o verdadeiro profissional não tem a habilidade ou o interesse de manter-se na posição de homem perfeito. Ele é um camaleão que poderá se transformar em qualquer outra coisa em pouco tempo a fim de levá-la para a cama.

Regras para lidar com um jogador profissional

Regra número 1: Não leve nada do que ele diz a sério. Lembre-se: ele já disse as mesmas coisas a todas as outras mulheres que surgiram antes de você. Ele usa as palavras como arma e técnicas de manipulação a fim de levá-la para a cama.

Regra número 2: Não fique imaginando como ficaria o seu nome com o sobrenome dele. Não pense em filhos. Não existe futuro com esse cara. Se você quiser se encontrar com ele para passar o tempo, o que também é um erro, viva o momento e aproveite todas as coisas materiais que ele pode oferecer, como ótimos jantares e viagens, com uma pitada de sal.

Regra número 3: Por favor, tenha cuidado com esse cara. Ele está saindo com várias mulheres além de você. Se resolver dormir com ele, tome todas as precauções necessárias.

Cara do tipo 3: O homem-*iceberg*

O que fica sob a superfície desse cara é muito mais interessante do que aquilo que você consegue ver.

➤ **O dia:** Inicialmente, esse "não jogador" tende a usar protocolos quando a convida para o primeiro encontro. Ele é um pouco travado no início, mas sua rigidez se apresenta com formalidade e respeito, o que pode ser bonitinho. Ele vai convidá-la para sair numa sexta ou sábado à noite.

➤ **O esforço:** Ele vai se esforçar muito no primeiro encontro. O mais interessante é que você não terá ideia de quanto ele fez para planejar o primeiro encontro perfeito. Ele terá ouvido tudo o que você disse sobre suas comidas ou seus programas preferidos. O encontro terá sido planejado nos mínimos detalhes, mas ele não falará nada sobre o esforço que teve de fazer. É um cara seguro e não precisa de seus elogios pelo trabalho que teve ao tentar criar uma noite tão maravilhosa.

➤ **O local:** É provável que seja um lugar que você já tenha mencionado casualmente em suas primeiras conversas. Pode ser um restaurante bacana ou um bar que você disse querer conhecer; ou até sua cafeteria favorita, que você mencionou uma vez. O principal: esse é um cara que escuta e considera sua opinião, duas coisas extremamente importantes.

➤ **Sua aparência:** Esse cara é muito limpo. Seu estilo é conservador, mas com um toque estiloso. No fundo, ele é muito antenado e só está esperando uma parceira que o ajude a descobrir todo o seu potencial.

➤ **Sua motivação:** O homem-*iceberg* é direto. Seu objetivo é encontrar uma pessoa especial que valha a pena. Se ele a convidar para sair, é porque a tem em alta conta. Ele não quer saber de casos passageiros! Nem é um mulherengo. Ele escolhe com cuidado. Não cometa o erro de confundi-lo com um idiota ou *nerd*. É um homem intenso por dentro e só precisa de um tempo para conhecer a garota ideal. Em pouco tempo, irá revelar sua verdadeira personalidade e se transformar na fantasia de todas as mulheres.

➤ **Sua tática:** No fim do encontro, ele dará o mais respeitável e adorável beijo no seu rosto e não pensará em nenhum momento em tentar levá-la para a cama.

➤ **Sua cartada final:** Por ser a princípio conservador, seu ataque final será estender o encontro com atividades planejadas e um pouco de improviso. Nesse momento, você terá feito tudo certo e ele se sentirá confortável para seguir adiante. Daí para a frente, você vai sentir o gostinho de seu potencial espontâneo e excitante.

Em resumo: O homem-*iceberg* vale a pena! Ele pode parecer um pouco travado no início, mas essa rigidez é um ótimo sinal, pois demonstra que ele amadureceu muito além de deixar seus impulsos controlarem suas ações. Ele opera de um ponto de vista lógico e determinado, e nunca deixará que a testosterona o guie. Esse cara merece um segundo encontro e certa consideração. Cada encontro será mais excitante, pois ele também demora um tempo para mostrar o melhor que tem a oferecer.

Regras para lidar com o homem-*iceberg*

Regra número 1: Seja paciente. Deixe que esse cara se apresente devagar e mostre o que está sob a superfície.

Regra número 2: Esse cara se move numa velocidade extremamente lenta quando se trata de intimidade afetiva, então, nunca lhe peça para que classifique o tipo de relacionamento que vocês têm.

Regra número 3: Seja passiva e feminina ao seu lado, deixe que ele tome a direção. Ele precisa sentir que você valoriza seu charme sincero.

Cara do tipo 4: o jogador que não joga

Esse cara existe mesmo? Sim.

➤ **O dia:** Ele não está preocupado com o dia, tudo o que quer é sair com você. Esse cara joga com suas próprias regras e é verdadeiro com seus sentimentos. Se for uma segunda-feira e for um bom dia para ambos, o encontro será numa segunda-feira. O mesmo vale para sábado, domingo ou quinta-feira. Tudo o que ele quer é encontrá-la.

➤ **O esforço:** Ele fará de tudo para que o encontro aconteça. Nada é premeditado, tudo é natural e tranquilo. Ele é dedicado porque não se importa em estar fazendo mais esforço do que você. Ele não está competindo.

➤ **O local:** Esse cara gosta de se divertir. Graças à sua segurança, ele sabe que pode oferecer o melhor encontro da sua vida, seja com um chocolate quente no auge do inverno ou com um jantar maravilhoso num sábado à noite. O local não importa.

➤ **Sua aparência:** Esse cara gosta de estar bonito. Ele aproveita a vida e estará bem arrumado tanto para jogar *paintball* quanto para conhecer seus pais. Ele gosta da atenção feminina, mas é muito respeitoso em encontros. Está focado na sua companhia, e ninguém seria capaz de distraí-lo, nem mesmo a Gisele Bündchen.

➤ **Sua motivação:** Esse cavalheiro tem um objetivo: ele quer realmente conhecer você. Não está jogando. É autêntico.

➤ **Sua tática:** A principal tática desse cara é a espontaneidade. Ele consegue tudo com sua criatividade, seu ânimo e seu bom humor. Não tem qualquer barreira e está pronto para tudo. Usa a imprevisibilidade como charme. Um voo de helicóptero sobre a cidade ou uma viagem noturna para uma praia deserta é sempre possível quando você está a seu lado.

➤ **Sua cartada final:** Algo completamente inesperado. Quando se apaixona, o mais importante é demonstrar que ele não se parece com qualquer outro cara que você já namorou. Surpresas e um ótimo senso de humor serão os diferenciais, e sempre a deixarão ansiosa pela próxima cartada.

Em resumo: Não caia, repito, não caia na síndrome do "é bom demais para ser verdade". Deixe-me explicar: essa síndrome surge quando uma mulher não acredita que está saindo com um cara que é o que realmente diz ser. Ela acha que seu comportamento exemplar, seu charme sexy e suas maneiras cavalheirescas só podem ser representações de um ator premiado com um Oscar ou de um jogador de marca maior que pode a qualquer momento pular fora da jogada. Essa desconfiança vem provavelmente de ilusões e decepções passadas, causadas por caras egoístas em que ela já confiou. É legal aprender uma lição e estar alerta, mas isso é diferente de ficar esgotada a ponto de não se animar com mais nada. Não cometa o erro de permitir que esses idiotas que um dia a enganaram mantenham seu coração fechado para outros caras legais. Lembre-se também, por favor, de que muitas relações de sucesso só ocorreram por terem acontecido no tempo certo. Talvez esse cara já tenha sido um jogador de marca maior. Talvez todo o seu charme, retórica e carisma já tenham sido utilizados somente para levar uma mulher ingênua para a cama. Mas talvez, só talvez, ele tenha aprendido sua lição de todo sofrimento que causou e de todos os fracassos que experimentou. Talvez tenha chegado o momento em sua vida em que ele usará todo o seu charme, personalidade e *sex appeal* pelas razões certas, como... encontrar uma mulher com a qual poderá ficar junto para sempre.

Regra para lidar com o jogador que não joga (é só uma!)

Regra número 1: Deixe a desconfiança de lado, largue o comportamento depressivo e use coragem, confiança e fé para descobrir esse cara e aproveitar tudo o que ele tem a oferecer.

Cara do tipo 5: o homem casado

Na verdade, são cinco os jogadores em campo, mas o quinto merece uma categoria especial. Não me entenda mal, não é que ele seja especial, mas porque ele pode ser bastante complexo e sempre quer ter certeza de que você está atenta às suas jogadas profissionais. Trata-se do homem casado, um tipo que deve ser levado a sério. Ele é inteligente, experiente e deve ser evitado a qualquer custo. É uma total perda de tempo, e se você está pensando em ganhar uma aliança um dia, atenção: não virá dele. O homem casado se aventura fora de seu casamento por algumas poucas razões:

➤ **É inseguro e quer a atenção de muitas mulheres.** O problema é que você nunca saberá se dá atenção suficiente para ele. Vamos imaginar que o Sr. Aliança no Dedo deixe a mulher para ficar com você. E aí? Ele finalmente ficará satisfeito? Não vai precisar de mais atenção feminina? Ou você passará o resto dos seus dias imaginando se ele está traindo você da mesma forma como traiu a esposa anterior?

➤ **Ele está verdadeiramente infeliz no casamento, mas tem medo de sair de casa.** Se um homem tem medo de deixar sua mulher, esse medo se arrastará para sempre. E se você finalmente o convencer a pedir o divórcio, tenha certeza de que, um dia, ele mostrará certo arrependimento.

➤ **Ele não sai de casa por causa dos filhos ou por questões financeiras — ou pelo menos é o que ele diz.** Um em cada dois casamentos termina em divórcio, e muitos desses casais têm filhos. O que faz os filhos dele serem tão especiais para que não consigam encarar o divórcio dos pais? Parece cruel, mas é bom pensar nisso seriamente, pois é apenas uma desculpa para que continue dando suas escapadas. E, se questões financeiras são a única razão que ele menciona para não deixar a esposa, talvez não queira mesmo sair de casa. Meu pai certa vez disse que é melhor sentir-se solitário sozinho do que sentir-se só estando acompanhado. Se o tal Aliança no Dedo prefere ser solitário no seu casamento para não ter de enfrentar problemas financeiros, então deixe-o para lá. O homem casado pode não parecer um jogador quando você o conhece. Ele vai ser irresistível, interessante e inteligente, mas para salvar o seu coração é melhor evitá-lo a qualquer custo e o mais rápido possível.

Em resumo: Diga "não aceito" a esse cara. Ele não vai retirar a aliança do dedo, por isso você deve evitá-lo de todas as formas. Ponto final.

Leve a sério tudo o que aprendeu neste capítulo. Queremos que esteja sempre atenta ao que se passa na cabeça de um homem, como ele se comporta e, acima de tudo, quais são suas intenções. Ele pode ser o cara mais gostoso do mundo e que fala as frases perfeitas, mas se não estiver pronto para um relacionamento por causa do momento em que está na vida, ou porque sua única intenção é se divertir — ou pior, apenas dormir com você —, é melhor saber isso mais cedo do que mais tarde. Você pode sondar com seus amigos ou aproximar-se da mãe dele, mas, se o cara não está interessado em você, nada o fará tirar o telefone do gancho. Arme-se com os segredos do Clube do Bolinha, e você nunca mais ficará na dúvida se vai ou não haver um segundo encontro.

Mais alguns segredos do Clube do Bolinha

➤ **Homens gostam de mulheres com personalidade.** Você é uma pessoa sem ele, então, seja a mesma pessoa ao seu lado. Nada é mais atraente a um homem do que uma mulher que o faz ter certeza de que estaria bem mesmo sem ele.

➤ **Confiança é excitante.** Não há outra saída! Você deve se mostrar confiante em relação à aparência, aos sentimentos que ele demonstrar por você e em todas as suas ações. Uma mulher que sabe que é linda é muito sexy. Mostre sempre o seu melhor.

➤ **Garotas não telefonam para garotos.** Vejam só, sua mãe tinha razão! Garotas não telefonam para garotos. No início, você deve fazê-lo pensar que ele está em segundo plano. Pode parecer cruel, antiquado ou exagerado, mas até que vocês dois não saiam com outras pessoas, não há nenhuma razão para você ligar. Se ele estiver pensando em você, ele mesmo vai fazer isso.

➤ **Homens não sabem o que querem.** A maior parte das ações masculinas é guiada por impulsos. Por isso, se eles conseguirem o que querem muito rápido, perderão o interesse com a mesma rapidez. Caso contrário, aquilo que desejam se torna um desafio. Deixe que ele espere! Se você se oferecer logo no primeiro encontro, não haverá um segundo.

➤ **Os machos são as espécies mais fáceis de intimidar do planeta.** Seu sucesso, sua força feminina e seu intelecto podem ser um problema para o cara errado, pois ele terá medo de você. Você deve encontrar um cara que aceite quem você é e o que faz. Se não for assim, você estará comprometendo seu futuro.

➤ **Disponibilidade total não é nada excitante.** Mantenha-se indisponível, mesmo quando tiver todo o fim de semana livre! Nunca diga "sim!" na primeira vez em que ele chamá-la para sair, a menos que ele a convide com três dias de antecedência. Deixe claro que você tem uma vida e que está tentando encaixá-lo nela. Acredite na gente!

2
Bond Girl

ELA É A MULHER que todas gostariam de ser.

Ela atrai instantaneamente a atenção de todos os homens, a qualquer hora, em qualquer lugar.

Ela é sexy, sagaz, segura e com tudo em cima. É a *Bond Girl*. A garota que James Bond busca, ama e pela qual arrisca a vida. E não se trata apenas de uma mulher bonita, ela é integrante essencial de todas as missões de James Bond. Muitas vezes, é a responsável pela solução de alguns problemas e por tirá-lo de enrascadas. No final, é com quem James Bond fica. A verdade é que todos os caras do mundo gostariam de estar com uma *Bond Girl*.

Mas atenção: uma *Bond Girl* nem sempre veste tamanho 36 ou tem o cabelo perfeito. No entanto, homens são criaturas visuais e, gostando ou não, a primeira coisa a que prestam atenção numa mulher é sua aparência. A boa notícia é que você tem muito mais controle sobre sua imagem do que imagina. Com um pouco de maquiagem, penteados e escolhas de roupas, não é tão difícil atrair um homem. Então, como se tornar uma *Bond Girl*? Neste capítulo, vamos mostrar como operar tal transformação. Primeiro, vou fazer um mapeamento dos atributos físicos de uma *Bond Girl*. Depois, Tamsen e eu vamos dar dicas de aparência e de atitude para você se encaixar no papel.

O pacote completo da *Bond Girl*

TODAS AS MULHERES são capazes de reproduzir o visual *Bond Girl* prestando atenção aos quatro pontos que mais chamam a atenção dos homens. Eis uma análise de como um cara olha quando você passa por ele na rua. Esqueça seus sapatos de marca, o cara vai reparar primeiro nas proporções de seus ombros, seios e cintura, com maior atenção aos seios. Depois ele olha (nessa ordem) seus lábios, olhos, comprimento de cabelo e, finalmente, seu rosto. Em caso de interesse, esse cara vai parar e dar uma volta de 180 graus a fim de verificar sua retaguarda. Portanto, todos os acessórios, roupas caras e bolsas da última moda são deixados de lado pelos homens.

Para fazer uma análise mais profunda, apresento uma lista detalhada do que os homens querem em uma mulher. Junte tudo isso, e você se transformará numa perfeita *Bond Girl.* Atenção: à primeira vista, a lista pode parecer superficial, mas ouçam o que eu digo, garotas, estou apenas reproduzindo o que os homens me dizem. Sei disso porque pergunto a eles. Sempre que me sento com um de meus clientes homens, pergunto sobre o que ele busca numa mulher, e as respostas que recebo são essas:

- **Um corpo proporcional e feminino.** Homens não querem estar ao lado de mulheres que pareçam meninos adolescentes. Nós adoramos curvas. Pense em Scarlett Johansson, Elizabeth Hurley e Catherine Zeta-Jones.
- **Lábios sensuais.** Muitas fantasias masculinas estão baseadas nessa parte do corpo. Para nós, você não deve ser muito rica, ter muitos diamantes nem lábios grandes demais.

➤ **Olhos de Cleópatra.** Homens adoram olhos grandes e sexy.

➤ **Cabelos longos e sedosos.** Cabelos longos são, para os homens, sinônimo de feminilidade. Por alguma razão, os homens têm a fantasia de acariciar os cabelos da mulher, deixando que caiam em seu rosto; ou agarrar um punhado deles nos momentos mais quentes.

A atitude de uma *Bond Girl*

"VISTA-SE horrivelmente, e eles vão perceber o vestido. Vista-se com uma roupa impecável e eles vão se lembrar da mulher." Essa frase é da *Bond Girl* e lenda da moda Coco Chanel, e descreve a teoria que sigo quando ofereço consultoria de imagem a nossas clientes.

Neste ponto, sei o que você deve estar pensando: "Tamsen, passei o dia me preparando para o encontro. Não posso fazer mais do que isso." Ou "não quero estar com um cara que só se preocupa com minha aparência". A verdade é que isso não tem nada a ver com o encontro ou com ele, mas sim com a maneira como você se veste, se sente e se mostra ao mundo!

Quando o assunto é se preparar para um encontro, acredite, já passei por isso. Fiquei um dia inteiro me preparando para um encontro que foi um fracasso. Eis a minha lista de preparações pré-encontro:

Tarefas:

8h: Malhação (comi pizza no dia anterior).
10h: Unhas (pés e mãos).
11h30: Depilação (em todas as partes essenciais do corpo).
12h30: Shopping para comprar roupa nova.
15h: Saída do shopping, cansada, irritada e com um rombo na conta bancária.
16h: Prova de duas combinações das roupas compradas, mesmo não tendo dinheiro, e tentativa de decidir entre uma delas.
17h: Banho.
18h: Cabelo e maquiagem, ao som de Madonna, Cher ou Destiny's Child.
20h: Início do encontro.
23h: Início do período de espera pela ligação dele marcando um novo encontro.

A boa notícia é que quando você começar a sua vida como *Bond Girl*, as preparações de dias inteiros serão desnecessárias. A *Bond Girl* está sempre no seu melhor e pronta para um encontro com James Bond. E o mais importante: ela tem certeza de que estar bonita é ter a atitude certa, e não usar o melhor par de sapatos.

Dicas de moda de uma *Bond Girl*

MENINAS, se vocês querem parecer atraentes para o sexo oposto, têm de trabalhar. Esqueça a tal "beleza natural", isso não existe. Toda mulher tem de fazer um esforço por sua aparência. Toda *Bond Girl* verdadeira segue um regime de beleza que garante um visual ainda mais fabuloso. Vamos em frente.

Roupas

Menos é mais. Isso não significa menos roupas, mas sim que o simples é sexy. Primeiro, vamos considerar as cores que você escolhe. Toda mulher sabe que cores a favorecem mais, quais combinam melhor com a cor de seus olhos e de sua pele. Mas caso ainda esteja insegura, lembre-se de que o preto é universal, daí a popularidade do pretinho básico.

Para um encontro casual num bar ou restaurante, essa pode ser a melhor opção. *Looks* escuros tendem a criar uma silhueta mais esbelta e, às vezes, você pode parecer ter uns bons dois quilos a menos. Mas tenha cuidado para não perder a noção e não se vista com roupas muito curtas.

Independentemente da cor que escolher, esqueça as listras, a menos que esteja querendo parecer mais gorda. Listras verticais podem ser tão ruins quanto horizontais.

Outra dica: se você tem um busto grande, evite blusas brancas. Eu tenho esse problema e eliminei todas as camisas brancas do meu armário. Essas peças ficam lindas em mulheres magras, mas, se você tem curvas, elas tendem a exagerá-las.

Por fim, tenha certeza de estar usando o sutiã certo.

Usar jeans pode ser outro erro caso você não use o número certo. Se você tem de fazer um esforço para vestir sua calça, deitar-se na cama ou pedir ajuda a uma amiga, é hora de ir comprar uns jeans novos. Certifique-se de que suas roupas cabem em você. Nessa hora, tamanho importa. Roupas muito largas ou muito apertadas podem dar a impressão de que você está um pouco acima do peso. O objetivo é ser proporcional, bonita e com tudo em cima, e não gorduchinha.

Mais importante: quando for se arrumar para um encontro, procure se sentir confortável com sua roupa. Siga seu estilo, não tente copiar outras pessoas. Vai ser difícil manter uma atuação, então não comece uma. E vista-se de forma adequada à ocasião: jeans e camiseta podem não ser a melhor opção para jantar no restaurante mais badalado da cidade. Por que não um pretinho básico e saltos altos?

Sapatos

Eu sei, eu sei... também adoro sandálias largas e confortáveis! Mas se você está querendo virar a cabeça de um cara, chegou a hora de começar a adotar sandálias altas e chiques. Os sapatos são uma parte importante de sua apresentação, mesmo que seja a última coisa que ele perceba. Eis algumas dicas:

- Se você é das mais gordinhas, um sapato delicado pode ficar desproporcional.
- Se você é do tipo *mignon*, saltos altos *confortáveis* vão alongar suas pernas e deixá-las sexy.
- No verão, os homens adoram sandálias altas, para poderem ver seus dedos do pé (pedicure é essencial!).
- Se for inverno, use a bota preta mais alta que você tiver, e divirta-se a noite inteira.
- Tente não ultrapassar os cinco centímetros de salto, a menos que você seja especialista no assunto. Ninguém quer cair de cara no chão enquanto caminha em direção ao bar. E mais: sapatos que cortam a circulação a deixarão com uma cara de pateta frente ao seu acompanhante. Em vez de confiante e sexy, você ficará parecendo torturada e dolorida.

Acessórios

Esqueça as joias chamativas — você quer hipnotizar o cara com seus incríveis olhos, não com brincos gigantes que vão até os seus ombros e tocam uma sinfonia sempre que você mexe a cabeça. Repito: menos é mais. É maravilhoso ter diamantes enormes e vários acessórios transados, mas deixe-os em casa. Se usar tudo isso, você correrá o risco de parecer brega e fazê-lo se lembrar da tia esquisita dele.

Dicas de beleza para uma *Bond Girl*

CADA UMA DE NÓS nasce com características físicas que são resultado da união dos genes dos nossos pais. Mas hoje em dia não existe desculpa para deixar de acentuar os pontos positivos e esconder os negativos. Quando o assunto é potencializar sua beleza, lembre-se da maquiagem e da maravilhosa variedade de outros produtos de beleza disponíveis no mercado. Com uma pequena pesquisa e um pouco de esforço, você poderá ganhar olhos brilhantes, uma pele sedosa e delicada e um sorriso incrível — todos atributos que os homens buscam numa *Bond Girl*. Veja os detalhes.

Olhos

Os olhos são tudo. Acho que eles dizem muito, se não tudo, sobre uma pessoa. Os homens acreditam que os olhos dizem quanto uma mulher pode ser boa na cama. Bom, agora vou contar a vocês como torná-los sedutores. Primeiro, tenha certeza de que está usando um bom corretivo e que o pó não está aparente. O corretivo elimina as olheiras e dá brilho ao seu rosto. Quando seus olhos sobressaem, você parece mais nova, e não envelhecida e exausta. Mas atenção: nada é pior do que um pó que marca o seu rosto a cada sorriso. Use com moderação, mas não deixe de usar.

Depois, pegue leve na sombra. Sim, as modelos de passarela pintam dramaticamente os olhos de azul e rosa, mas esse *look* de estrela do rock não vai favorecer em nada quando você estiver sentada sob a luz fria de um restaurante. Dar certa definição aos olhos é uma coisa, ficar parecida com um palhaço é outra muito diferente. Eu prefiro cores naturais, pois elas são favoráveis a quase todo mundo e podem ser usadas o ano inteiro.

Agora, atenção aos cílios! Cílios postiços podem fazer maravilhas aos seus olhos. (Você pode encontrá-los em farmácias, e são baratos.) Esse truque de televisão funciona na vida real. Já se perguntou como repórteres parecem despertas mesmo que você as tenha visto 12 horas antes cobrindo eleições ou a passagem de um furacão? Bom, cílios postiços são um clássico. Coloque apenas uns seis cílios em cada linha de seus olhos e transforme-se numa mulher extremamente sexy. Os cílios abrem o olhar e a deixam mais jovem e brilhante.

Cabelos

Como Matt já disse, cabelos longos e sedosos são definitivamente atraentes. Se você já os tem assim, aproveite. Mas não tente seguir a cor que está na moda. Se você é uma linda morena, não tente virar loira. Se for uma loira natural, mantenha-se fiel às suas raízes. Tintura e luzes são um complemento de seu visual, não o visual por inteiro. Mas existe uma cor que não pode ser natural em você: cinza. Se cabelos brancos estão pintando na sua cabeça, vá direto ao salão! Apare regularmente seus cabelos, não há razão para ficar parecendo uma desleixada. Uma boa ideia é cortar os cabelos a cada seis semanas, para que não surjam pontas duplas ou qualquer outra desgraça.

Pele

Maquiagem é legal, mas se você está se enchendo de produtos para eliminar um problema de pele, é melhor repensar. Em alguns casos, muita maquiagem, mal aplicada, pode passar um aspecto envelhecido. E isso é a última coisa que queremos; então você deve maquiar-se da maneira mais natural possível. Até porque, quando chegar a hora de dormir juntos, você vai querer que ele a reconheça pela manhã. Se você tem problemas de pele, faça uma visita ao dermatologista. Confie em mim: existem vários tratamentos para qualquer problema de pele. E na hora de investir, compre maquiagens de qualidade. Pergunte ao seu dermatologista quais marcas ele recomenda para o seu tipo de pele.

Lábios

Um *gloss* natural sobre sua cor preferida de batom deixará qualquer um louco para beijar sua boca, além de oferecer mais carne a quem tem lábios finos. Você também pode optar pelo *lip plumper*, que é um tipo específico de *gloss* que aumenta os lábios, ao provocar uma leve irritação e o aumento da circulação sanguínea na região.

Dentes

Dentes brancos e bonitos são um sucesso. Isso significa que, se você for fumante, louca por café ou não tenha prestado muita atenção aos seus dentes, agora é o melhor momento para um clareamento. E não é preciso gastar rios de dinheiro em tratamentos. Algumas empresas já criaram kits de clareamento de dentes. Eles não são caros e valem todos os centavos aplicados.

O corpo da *Bond Girl*

Você não precisa malhar um ano inteiro para ter um corpo de *Bond Girl*. Eu gastei 15 anos em academias e hoje sou capaz de enumerar alguns exercícios simples que poderão transformar seu corpo em pouquíssimo tempo. A combinação ideal de ginástica diária e um plano de alimentação saudável é o que traz resultados mais rápidos.

Dieta

Posso dizer quanto odeio a palavra "dieta"? Você sabia que 85% das pessoas que começam uma dieta não perdem peso? O que você acha que isso significa? Dietas não funcionam! Então, em vez de aconselhar você a comer alimentos sem sabor, de baixa caloria e cheios de química, darei quatro dicas de como perder alguns quilos:

➤ **Escreva um diário de sua alimentação.** Anote a hora e tudo o que você comeu diariamente, por uma semana. Isso a deixará consciente de quanto você come por dia. Quando vir tudo escrito, preto no branco, vai entender perfeitamente por que não está no seu peso ideal.

➤ **Corte pão, massa e arroz por duas semanas.** Isso pode ser muito difícil, pois nossa sociedade é viciada em carboidratos. Mas, se você puder aguentar duas semanas, garanto que perderá alguns quilos.

➤ **Devore os verdes.** Vegetais são grande fonte de carboidratos; você pode comê-los à vontade. Como a água corresponde a 80% de sua composição, eles não somam muitas calorias à sua dieta. Só não misture com muita manteiga ou azeite. Meus vegetais preferidos são espinafre, brócolis, vagem e aspargo.

➤ **Reduza a quantidade de comida ao longo do dia.** Seu café da manhã deve ser a refeição mais completa. Siga com um almoço mediano e um jantar leve, e nunca coma depois das 20h30. Nesse momento do dia, seu metabolismo está mais baixo.

A bunda por Titus

Uma bunda redonda é capaz de parar o trânsito. Quando os homens veem uma bunda redonda, firme e de formas perfeitas, eles temporariamente perdem o controle e agem por puro instinto. A mente masculina é completamente iconográfica, e nos momentos de maior intensidade de desejo sexual os homens ficam fora de si. Então a questão é: "Como eu consigo uma bunda dessas?" Os seguintes exercícios e dicas de nutrição são um bom passo no cultivo da sua retaguarda.

Escadas: Adoro as maravilhas que treinos em escadas podem proporcionar ao bumbum feminino. Isso pode ser feito em casa ou na academia. Subir escadas é ótimo, pois é um exercício leve, aumenta a resistência muscular e nos dá boa forma, aumentando a massa muscular das pernas e deixando-as mais firmes e definidas. Pense nisso: você levanta o peso do seu corpo a cada degrau que sobe da escada. Você faz isso diversas vezes na subida de um lanço. Além do mais, o movimento do corpo subindo uma escada vai tornear suas coxas, endurecer e levantar seu bumbum e deixá-la com uma barriga mais sarada. Acima de tudo, esse exercício proporcionará lindas panturrilhas quando você usar saltos. E ainda mais importante é que você vai queimar mais gordura em tempo recorde. Lembre-se: sempre que subir uma escada você estará levantando o peso do seu corpo contra a gravidade. Subir escadas é muito mais difícil do que caminhar horizontalmente e queima o dobro de calorias do que quase todos os outros tipos de exercício.

Você pode usar um aparelho de academia ou a escadaria do seu prédio, da sua casa, do seu escritório ou ao ar livre, com pelo menos dez degraus por lanço. Na academia, comece com trinta minutos, três dias por semana. O objetivo é alcançar uma hora por dia pelo mesmo período. Se estiver fazendo o exercício em casa, tente começar com dois lanços de escada. Depois, suba esses dois lanços cinco vezes seguidas (pulando um degrau). Acelere cada vez que iniciar um novo lance. Quando chegar ao topo do segundo, pare e faça 15 agachamentos. Repita-os sempre que chegar no topo do segundo lanço. Não toque no corrimão quando estiver subindo. Na descida, pise

em todos os degraus e levante seu joelho mais alto do que o normal. Você pode usar o corrimão para se equilibrar na descida. As melhores escadarias são as retas, com muitos lanços.

Agachamento: Pelo que sei, esse exercício deveria ser praticado diariamente por todas as mulheres a partir dos 16 anos. Eis um exercício capaz de criar um bumbum maravilhoso! Seus resultados são equivalentes aos das cirurgias plásticas. Agachamentos são capazes de recriar a parte de baixo do seu corpo e, quando feitos de forma correta e com disciplina, de lhe dar coxas torneadas, tendões rígidos como pedra e um traseiro bem mais redondo.

Comece com seus pés separados pela largura dos seus ombros. Depois, dê um passo adiante com seu pé direito. Nesse movimento, a parte superior do seu corpo e seu joelho direito não deverão se inclinar para a frente. Deixe seu joelho noventa graus acima dos seus dedos dos pés. Se não fizer de maneira correta, você poderá se machucar seriamente. Com o corpo ereto, aproxime seu joelho do chão (sem tocá-lo) e depois volte à posição inicial. Repita dez vezes com a perna direita, depois troque e faça o mesmo com a esquerda. Tenha como objetivo quatro séries de dez repetições.

Os seios de uma *Bond Girl*

Os seios têm um papel importante na hora de chamar a atenção dos homens. Na verdade, é o que eles olham primeiro. Não é só questão de tamanho. Eles muitas vezes preferem seios pequenos, mas com belo formato, a seios enormes, mas caídos. Cuidar dos seios é importante quando se trata de se manter em forma e chamar a atenção dos homens. Comece com um sutiã adequado, que ofereça o suporte necessário. Isso não é importante apenas para parecer bonita nas roupas e valorizar seus atributos naturais, mas também ajudará a musculatura contra a ação da gravidade, mantendo os músculos da área fortes e firmes. Quando fizer exercícios, use sutiãs esportivos, que deixam seus seios estáveis. Para ficar linda com suas roupas, use sutiãs com bojo — hoje em dia existem vários modelos muito confortáveis e que ficam invisíveis por baixo das roupas. Enfim, sutiãs com bojo deixam seus seios perfeitos.

A *Bond Girl* por dentro e por fora

Lembre-se, ainda que uma embalagem bonita venda bem o produto, o valor está no interior. A lista a seguir mostra as características de personalidade que toda *Bond Girl* deve ter para que seja tão bonita por dentro quanto por fora.

Uma *Bond Girl* nunca fala muito sobre si mesma

Ela está namorando um agente secreto, ora, então boa parte do charme de uma *Bond Girl* vem da sua natureza misteriosa e do fato de ela nunca, jamais, revelar-se imediatamente a ninguém. Tente não falar sobre cada detalhe da sua personalidade, sobre sua última relação ou sobre a loucura de seus últimos três ex-namorados. Mantenha isso em segredo até ter a certeza de que ele não é um agente duplo. Agora, sem brincadeira: não há nada pior do que tirar a diversão do início de um relacionamento. É muito excitante conhecer um ao outro gradualmente.

Uma *Bond Girl* nunca se entrega rapidamente

Sim, ela é aventureira e animada, mas nunca se entrega rapidamente a uma relação. Isso porque grande parte dos homens tem muito medo de compromisso. Eles acham que sair com uma mulher com muita frequência a fará acreditar que se trata de um namoro, e assim eles perderão sua liberdade. Claro, nós, mulheres, sabemos que isso não é verdade, mas é como os homens pensam. Você tem de respeitar isso, não apenas por ele, mas por você mesma. Até porque, após o terceiro encontro, como saber se ele é "o cara"? Talvez sim, mas provavelmente irá demorar mais tempo até que você tenha certeza disso. Por isso, nunca discutam o futuro juntos, não fale sobre o filhinho de sua melhor amiga e não deixe que ele entre em sua vida tão cedo. Uma *Bond Girl* deixa que tudo aconteça no seu tempo.

Uma *Bond Girl* nunca alimenta falsas expectativas

Toda mulher dá a mesma resposta sobre o tipo de cara que busca: sexy, alto e bonito. O problema é que nem todas somos Cinderelas, e existem pouquíssimos príncipes disponíveis. Na verdade, em 99% dos casos, os caras vão estar bem abaixo das suas expectativas, principalmente porque você fantasia demais. Isso não quer dizer que você deve se acomodar, mas, se está em busca do príncipe encantado que vai deixá-la nas nuvens e buscá-la num cavalo branco, coloque os pés no chão e desista, pois isso não vai acontecer! Além do mais, uma *Bond Girl* deve estar ocupada em melhorar a si mesma; esperar passivamente por um príncipe não é seu estilo. Ela prefere sair para malhar ou fazer as unhas dos pés.

Uma *Bond Girl* nunca perde sua identidade

Você conhece um rapaz. Depois decide que ele é "o cara". E aí todos os fins de semana vocês saem com amigos dele, vão aos lugares de que ele gosta, e você até aceita assistir ao jogo de futebol só para estar ao seu lado. Isso é amor... certo? ERRADO! Nunca é demais repetir: não se perca por causa de um homem. Mantenha sua identidade, ou você acabará sem qualquer personalidade. Não perca o rumo. Se, antes de conhecer "o cara", você fazia as unhas todos os sábados pela manhã com suas amigas, continue fazendo isso. Você não precisa ficar em casa para o caso de ele querer ir ao shopping. Ou, se passou a noite na casa dele, não se sinta na obrigação de tomar café da manhã lá. Mantenha sua rotina. Outro exemplo: você adora malhar, mas ele nunca colocou os pés dentro de uma academia. Então, você dispensa seu *personal trainer*, para de correr depois do trabalho e sai para jantar com ele depois de um dia duro no escritório. Faça isso, e logo ele se convencerá de começar a correr... para longe de você. Mantenha sua vida quando começar a namorar um cara, e ele ficará ao seu lado. Lembre-se: ele escolheu aquela mulher quente, independente e sexy que tinha sua própria vida.

Uma *Bond Girl* nunca transa no primeiro encontro

É simples: se você quer um segundo encontro, fique longe da cama no primeiro. Se dormir logo com o cara, ele vai pensar que você sempre age dessa forma. Não pense que será capaz de convencê-lo do contrário dizendo, depois de rolar para o seu lado da cama: "Eu nunca faço isso!" Ele não vai acreditar em você, seja verdade ou não. E provavelmente nem vai ouvir o que você disser, pois estará muito ocupado pensando em quanto tempo terá de fingir interesse antes que possa cair fora sem parecer um idiota. A *Bond Girl* sabe que ficará com o cara no final do filme, então por que dormir com ele nos primeiros 15 minutos, quando ainda falta muito até rolarem os créditos?

Uma *Bond Girl* é sempre *cool*, confiante e controlada

A maioria dos homens não se cansa de uma mulher segura de si mesma e de seus sentimentos. Eles não gostam de mulheres emotivas, carentes e, pior, possessivas. A menos que seu agente secreto esteja despindo uma mulher com os olhos (ou seja flagrado tirando literalmente a roupa dela), a *Bond Girl* não fala nada quando uma linda mulher passa na frente dos dois. Na verdade, para fazê-lo abaixar completamente a guarda, ela a elogia e sorri para ele perceber que aquela outra não é considerada uma ameaça. Mais: não fique em cima do muro na hora de decisões. Se ele perguntar onde você quer jantar, diga. Nunca responda: "Onde você quiser." Você já escolheu muitos restaurantes na sua vida, por que não escolher mais um?

Regras de sobrevivência de uma *Bond Girl*

Uma vez que tenha atraído o homem certo, uma *Bond Girl* sabe como manter os pés no chão no início do relacionamento. Siga as regras e mantenha o James Bond sempre querendo mais.

Nunca diga as "três finais"

As "três finais" são as palavras que farão qualquer homem fugir se forem ditas nos primeiros meses do relacionamento. Não importa quão bem vocês estejam se dando, a quantos amigos ele já a tenha apresentado ou quantas vezes já tenham dormido juntos, tenha certeza de que, se você mencionar as três palavras "Isso tem futuro?", ele vai se mandar. Deixe que ele dite o ritmo do relacionamento. Se não for assim, a pergunta vai se transformar em: "Para onde ele foi?"

Cuidado com a linguagem

Não estou falando de palavrões (ainda que você devesse tentar não chocar o cara com obscenidades logo no primeiro encontro), estou falando de palavras que muitos homens consideram ofensivas e até mesmo assustadoras. Deixe que ele tome a dianteira quando se trata de *casamento*, *amor* e *filhos*. Por enquanto, mantenha essas palavras fora do seu vocabulário.

Nunca o humilhe na frente de amigos, da família ou de colegas de trabalho

Você já esteve com um casal que adora falar mal um do outro em público? Isso não é apenas desconfortável para os outros, é prejudicial em todos os sentidos. Tente não ser assim: seja carinhosa e amorosa, nunca fale mal de um homem em troca de uns risos frouxos. Isso não vai apenas deixá-la mal frente aos outros, mas também frente a ele. Se tiver alguma crítica construtiva, guarde-a para quando estiverem sozinhos.

Quando estiver envolvida, diga "sim" ao sexo

É isso mesmo, o bom sexo não deve ser extinto quando você "agarrar" o cara. Nada é mais frustrante para um homem do que uma mulher extremamente sexual no início que depois usa sua sexualidade como arma. Não faça joguinhos. Mas também não diga "sim" imediatamente, pois pode significar um relacionamento muito curto. Qualquer homem tentará levá-la para a cama se você for sexy e atraente. Está nas suas mãos mantê-lo ao seu lado até que possa dizer "sim".

FAZER AFLORAR a sua *Bond Girl* interior pode exigir certo esforço, mas garantimos que a recompensa será alta. E não estamos falando apenas de sua capacidade de atrair membros do sexo oposto, ainda que esse seja um resultado importante. Ao tornar-se uma autêntica *Bond Girl*, você encontrará o melhor de si mesma. Você notará uma autoconfiança que nunca teve antes. Então pare de se menosprezar e se transforme na mulher que sempre quis ser!

3
Refúgio do amor

MATT E EU estávamos sentados no restaurante de um hotel em Nova York pensando em como ela seria. Ao telefone, parecia perfeita. Falava muito bem, tudo o que dizia era correto e parecia muito animada para conhecer um cara legal. Estávamos convencidos de que lhe arranjaríamos um encontro e de que ela estaria casada em seis meses. Quando chegou, nossas previsões pareciam ainda mais certas. Ela era perfeita! Na verdade, fiquei com um pouco de inveja, sem entender como poderia ser tão certinha. A srta. Correta tinha um ótimo trabalho, morava num lindo bairro de Manhattan e era jovem, bonita e com tudo em cima. Imediatamente, soubemos quem seria o par perfeito para ela. Nós o chamamos de sr. Manhattan, um homem que passou uns oito meses no Pequeno Livro Negro de Matt. Ele era um fofo — bonito, em boa situação financeira e decididamente preparado para um compromisso.

Reunidas todas as informações sobre a srta. Correta, e após mais algumas reuniões, Matt arranjou o encontro. Mal podíamos esperar pela reação do sr. Manhattan depois da primeira saída. Estávamos certos de que seria um sucesso. Porém, a ligação que recebemos no dia seguinte não foi apenas alarmante, mas aterrorizante.

De acordo com o sr. Manhattan, eles saíram para jantar e se divertiram muito. Chegaram a tomar uns drinques em seguida. Ele levou a srta. Correta para casa, e ela perguntou se ele não queria subir e tomar algo em seu apartamento. Não é o que recomendamos, especialmente num primeiro encontro, mas como eles estavam se dando muito bem, tudo deveria terminar numa boa. Deixo Matt contar a história a partir daqui.

Pequena cabana de horrores

O APARTAMENTO da srta. Correta ficava numa área chique da cidade e tinha uma linda vista. O cara, no entanto, não teve tempo para apreciar a vista, pois não conseguia tirar os olhos do restante do apartamento. Por todas as partes, havia livros de autoajuda, incluindo um estoque num canto do banheiro. Pilhas de fitas cassete sobre emagrecimento e de DVDs motivacionais estavam alinhadas nas estantes da sala. Ela aparentemente dormia quase todas as noites no sofá, onde estavam jogados um lençol e um travesseiro. E por todo o apartamento estavam espalhadas fotos dela com um homem, que obviamente não era seu irmão. O "drinque" teve de ser preparado com a única garrafa de vinho que ela tinha em casa — pela metade e com um vinho que cheirava a vinagre. Um gato maltratado caminhava por toda a casa, e metade de seu pelo parecia estar em cima do lençol do sofá. O sr. Manhattan foi suficientemente educado e não falou nada para nós dois sobre os maus cheiros do apartamento.

Assustados e mortos de vergonha, nos encontramos com a srta. Correta para ver o que estava acontecendo. Foi uma semana ruim? Ela estava muito ocupada para arrumar a casa? Era o apartamento de seu irmão? Ela pareceu surpresa com nossas perguntas e disse: "Não, esse é o meu apartamento. Eu durmo no sofá quando bebo demais, e os livros de autoajuda são meus companheiros durante a semana. Além do mais, sou muito ocupada e não tenho tempo para limpar a casa." Eu respondi: "Srta. Correta, você precisa arrumar tempo. Quando um homem vai à sua casa, ele se imagina lá. Tudo o que o pobre sr. Manhattan teve tempo de pensar foi como faria para escapar!" Nessa hora, percebemos que aquela mulher não sabia o que um homem vê quando entra na casa de uma pretendente. Decidimos imediatamente lançar um programa de encontros que tivesse como objetivo as residências das mulheres, explicando o que os homens pensam quando entram na casa delas. Neste capítulo, trouxemos algumas das informações que dividimos com nossas clientes do programa.

O que é um Ninho de Amor?

Quando era criança, eu me enfiava por baixo do meu edredom branco e dormia com minha coleção de bichos de pelúcia ao meu redor. Quando se é menina, você tem seu quarto decorado como o de uma princesa que espera pelo príncipe encantado que a levará ao seu castelo. Mas nenhum príncipe jamais escalou sua janela para arrancá-la de sua torre, não é? Em vez disso, como aconteceu comigo, você juntou sua coleção de bichos de pelúcia e seus livros infantis, jogou tudo no seu carro caindo aos pedaços e cruzou quase metade do país. Depois pegou aquilo tudo, incluindo a coleção de bichos de pelúcia, e enfiou num apartamento minúsculo com vista para um estacionamento.

Não importa em que fase da vida você está, sua casa deve ser o seu castelo. Não se preocupe, nenhum cara vai fazer uma inspeção geral, mas ele vai reparar em detalhes, como a sua coleção de bonecas o encarando enquanto ele tenta dar uns amassos em você, e também aqueles livros com títulos como *Por que todos os homens são babacas?*. Matt e eu chamamos as casas das nossas clientes de "Ninhos de Amor". O nome diz tudo, sua casa deve representar quanto você ama a si mesma, e... bem, use sua imaginação para o resto.

Por que o "Ninho de Amor" é importante?

O Ninho de Amor é, segundo a música da banda B52, um lugarzinho velho onde podemos ficar juntos. É também um lugar que os homens usam para julgar as mulheres e tentar descobrir como elas realmente são. Se você tem almofadas com estampa de tigre e tapetes rosa-*shocking*, ele pode sair correndo ou dar para você um vale-presente de uma loja de decoração. O cara precisa se sentir bem e confortável quando está na sua casa. Os homens têm várias ansiedades e inseguranças das quais as mulheres não têm nem ideia. Mais uma vez, vou bancar o traidor da classe e revelar algumas das coisas mais estúpidas que passam pela cabeça de um cara que visita seu apartamento. Venha comigo, vamos entrar na mente dele no exato momento em que ele entra na sua casa pela primeira vez.

Sr. Agora Mesmo: *"Meu Deus, finalmente fui convidado a subir! Ela é uma mulher de sorte, porque se não tivesse me convidado este* *fim de semana seria a última vez! Ah, quem estou enganando? Meu Deus, olhe a bunda dela! Poderia passar a minha vida atrás de algo assim. Deixa para lá, cara, é isso aí! Vai ser hoje! Espero que ela tenha um sofá incrível, porque é onde vou arriscar. Ela falou algo sobre gatos... Meu Deus, eu odeio gatos! Por que ela não tem um cachorro? São muito mais legais. Vou ter que ficar ouvindo sobre seu gatinho... O que eu não faço por uma transa?! Espero que consiga levar essa mulher para a cama... Claro, vou dar um jeito. E ela deve ter uma televisão incrível. Será que tem algo para comer? Espero que não seja uma dessas garotas idiotas que não comem nada e só têm alface e água na geladeira. Espero que não me deixe uma hora sentado vendo fotos de sua família e amigos, que não me interessam nem um pouco. Meu Deus, agora preciso ir ao banheiro. Espero que não seja colado à sala e que tenha um bom purificador de ar, ou, pelo menos, uns fósforos! Falando em banheiro, a primeira coisa que vou fazer será dar uma olhada nos remédios que ela guarda por lá. Preciso me certificar de que ela não toma remédios esquisitos, ou pior: remédios para herpes! O.k., vamos lá, ela está abrindo a porta..."*

Veja o que passava pela cabeça da srta. Coisa no momento em que o sr. Agora Mesmo pensava ("pensava" é uma palavra um pouco forte, eu sei) em tudo aquilo:

Srta. Coisa: *"Acho que joguei bem minhas cartas até agora. O primeiro encontro foi casual, com drinques. Após uma maravilhosa hora e meia e dois drinques, disse 'boa noite' e o deixei querendo mais. O segundo encontro foi um jantar. Fiz questão de que me esperasse no hall para que não descobrisse o número do meu apartamento. A terceira vez que nos encontramos foi para um almoço seguido de uma tarde de patinação. Até consegui resistir à sua adorável tentativa de* *'deslizarmos na cama', quando passamos na sua casa para buscar seus patins, que ele tinha convenientemente esquecido. E agora nos encontramos para jantar e ver um filme na minha casa! Certo, deixe-me revisar tudo outra vez: a arrumação está impecável, o filme está aqui, na mesa estão os menus de restaurantes de comida japonesa, chinesa, italiana e tailandesa, para que possamos pedir por telefone. Estou esquecendo alguma coisa?"*

Infelizmente, a srta. Coisa deve ter esquecido umas duas ou três coisas. Pergunte a si mesma: o que um homem realmente olha quando entra na casa de uma mulher? A arquitetura? A limpeza? Ou a análise que faz de seu Ninho de Amor é um pouco mais profunda? A resposta: por mais que você tenha se esforçado para deixar seu apartamento perfeito e sedutor, tenho certeza de que faltou algo que vai revelar seus segredos mais profundos. Para sua sorte, nós preparamos uma lista de tudo que você precisa fazer para preparar a sua casa.

Lista para uma festinha com o seu cara

ACEITE NOSSO conselho: antes de convidá-lo a sua casa, tenha certeza de que você tomou todas as providências para que ele não vá embora antes de chegar ao seu quarto. Ainda neste capítulo, vamos contar como decorar seu apartamento de forma que um homem adore, mas agora damos uma lista do que fazer para deixar o apartamento apresentável no último minuto:

- **Porta:** Livre-se de qualquer coisa na sua porta de entrada que não seja a maçaneta ou a campainha. Por favor, não pendure nenhum dizer fofinho, artes em macramê ou enfeites de Natal. Capachos decorados também podem ser um mau sinal.

Razão: Homens gostam de simplicidade e mistério. Uma porta cheia de frases ou decorações podem revelar tudo sobre você, o que não é nada atraente para a maior parte dos homens. Pior: vai fazê-los lembrar da casa de campo da vovó. E esse é o último lugar que ele gostaria de se lembrar antes de entrar no seu quarto.

➤ **População de animais de estimação:** Se você tem mais de um gato, por favor, dê os outros para alguém e nunca admita ter tido mais de um. Ou pelo menos deixe-os com uma amiga por uma noite.

Razão: Gatos em geral são associados à ideia de "solteirona", e nós não queremos que o cara tenha uma impressão errada no início do jogo. Deixe que ele conheça os seus gatinhos na segunda visita.

➤ **Galeria de fotos de família:** Você deve se livrar de todas as fotografias emolduradas de pais, avós ou qualquer outra figura de autoridade que estejam penduradas no seu hall.

Razão: É demais para ele encarar todos esses rostos enquanto anda pela sua casa. Isso o fará imaginar que está sendo julgado e observado todo o tempo. Parece loucura, mas acredite em mim, eu mesmo tentei "não encarar" muitos parentes em fotos penduradas em casas de mulheres.

➤ **Crenças religiosas:** Não deve haver nenhum símbolo religioso nas paredes. Remova todos os livros religiosos de sua mesinha, seja a Bíblia, o Corão ou a Torá.

Razão: Isso não significa que para namorar você não pode ter uma religião, mas sim que não quer deixá-lo desconfortável fazendo-o lembrar-se da Virgem Maria ou da Primeira Comunhão dele logo na primeira visita.

➤ **Objetos pessoais:** Mantenha todas as portas de armário fechadas. Isso inclui gavetas de calcinhas e sutiãs.

Razão: Sua coleção de sapatos e sua obsessão por jeans o farão pensar que você é fútil ou que será uma namorada muito cara. Além do mais, você é uma mulher misteriosa, não precisa dividir todos os seus segredos logo que conhece um cara.

➤ **Bibelôs:** Tenha cuidado com bonecas ou qualquer outro objeto colecionável que você tenha nas suas prateleiras. Eles não interessam aos homens e são brochantes.

Razão: Bibelôs também lembram mães, avós e qualquer outra senhora de idade. Descobri ainda que muitos homens relacionam tais objetos a mulheres que têm muito tempo livre.

➤ **Dietas para emagrecimento:** Tente ser sutil com bebidas ou comidas light e diet. Não deixe sua geladeira vazia, tente ter sempre uma quantidade de comida com sustância visível.

Razão: Um cara não acha "legal" ver uma geladeira vazia. Sei que muitos solteiros fazem até piada disso, mas quando falamos de um cara que pode vir a ter algo sério com você a questão toma outro rumo. Eles gostam de sentir que as mulheres podem cuidar deles. Gostam de se imaginar chegando à sua casa para um jantar sensual de comida italiana com vinho. Bebidas light e comidas congeladas esfriarão qualquer intenção de uma noite quente. Homens não querem saber que você se esforça para cuidar do seu corpo.

➤ **Ex-namorados:** Desapareça com qualquer foto de ex-namorados, mesmo que vocês ainda sejam amigos.

Razão: Isso deveria ser autoexplicativo, mas quero ter certeza de que você "captou a mensagem". Nenhum cara quer ver o seu ex-namorado encarando-o em um porta-retratos. Ele imediatamente irá se comparar ao ex e, se por acaso pensar que está em desvantagem, suas chances de levar o relacionamento adiante irão por água abaixo. Isso porque uma simples figura do Senhor X poderá trazer ciúmes e insegurança. Além de significar que, apesar daquela relação ter acabado, você ainda não conseguiu se afastar completamente.

➤ **Colegas de apartamento:** Se você divide sua casa com outra pessoa, combine as visitas noturnas.

Razão: Homens não querem dormir num albergue. É perfeitamente normal dividir a casa com alguém, mas nenhum homem quer dar de cara com outra pessoa (seja homem ou mulher) no banheiro, no meio da noite.

➤ **Times:** Se você é louca por esportes, poderá ganhar pontos com ele, mas, por favor, elimine todos os pôsteres e bandeiras de seu time preferido. Limite o papo sobre esportes às tardes de domingo.

Razão: Usar uma camisa de futebol ou presenteá-lo com um ingresso para um jogo é uma coisa, mas se transformar no companheiro dele de jogos e gritar na frente da TV é outra bem diferente. Lembre-se de manter sua feminilidade, mesmo na sua própria casa.

➤ **Armário de remédios:** Dê uma geral no seu armário de remédios, livrando-se de antidepressivos, cremes contra infecções e fungos, ceras depiladoras ou qualquer outro produto comprometedor.

Razão: Os homens gostam de acreditar que as mulheres não vão ao banheiro, nunca ficam menstruadas nem se preocupam com o assunto. Nós não queremos imaginar pelos em lugares indesejados nem queremos saber que você se transforma em outra pessoa caso se esqueça de tomar seus remédios. Deixe que essa fantasia masculina continue existindo.

➤ **Autoajuda:** Todos os itens pessoais como diários, agendas, livros de autoajuda e de relacionamentos (especialmente este, porque ninguém quer entregar o ouro ao bandido!), além dos aparelhos de perda de peso comprados pela televisão, devem ser mantidos longe, junto com seus brinquedinhos de diversão noturna.

Razão: Muitos homens acham que livros de autoajuda são para as mulheres emocionalmente frágeis, e não querem ver a mulher com quem estão saindo dessa forma. O ego masculino também gosta de acreditar que as mulheres só usam brinquedinhos eróticos com os homens, como complemento (não substituto) de suas incríveis técnicas sexuais.

➤ **Autoafirmação:** Todas as frases feministas, levemente neuróticas e motivacionais que estão presas na sua geladeira por ímãs de borboletas devem ser eliminadas.

Razão: Essas frases só interessam a você, ele nunca entenderá o que significa o seu mantra do momento. Além do mais, você não quer que ele pergunte o que coisas como "Eu sou mulher, escute o meu rugido" significam para você.

➤ **Roupa suja:** Não largue roupas sujas penduradas no braço da poltrona ou atrás do sofá.

Razão: Os homens relacionam boas condições de vida com um mínimo de higiene feminina. Isso é verdade.

O que eu vi no Ninho de Amor de Tamsen

COM TODO ESSE papo sobre o que se deve ou não ter em casa para criar uma atmosfera agradável aos homens, me lembrei de uma história sobre o apartamento de Tamsen que merece ser contada. Quando conheci essa garota incrível, fiquei louco para saber tudo sobre ela. Naquela época, Tamsen estava completamente centrada em sua carreira. Tudo em sua vida estava voltado para o objetivo de dar certo como repórter televisiva e ir a Nova York, e ela não parecia se interessar por mais nada. Por isso, seu apartamento encontrava-se em "estado de espera". Quando fui lá pela primeira vez, tive a impressão de que ela era uma cigana ou uma retirante.

No início (antes de eu ir ao seu apartamento), eu só conhecia o melhor de Tamsen. Para mim, ela era charmosa, sexy e superinteligente. Fiquei louco por ela desde o primeiro momento. Mas eu sabia que deveria checar a sua casa para entendê-la melhor. Então, quando finalmente fui convidado para um jantar seguido de filme, eu sabia que seria uma grande noite. Quando chegou o dia, engraxei meus sapatos, arrumei meu cabelo e peguei um táxi em direção ao seu apartamento. Até então só conhecia o hall de entrada. Era íntimo dos porteiros, que já sabiam meu nome. Então, ao chegar lá, com flores, pedi que a informassem pelo interfone que eu estava subindo, e imediatamente recebi tapinhas de cumplicidade dos funcionários do prédio. Sentindo que eu era "o tal", segui para o elevador e subi ao décimo andar.

Quando entrei no seu apartamento, me deparei com uma

cena que ficou marcada na minha memória. Não tinha nada a ver com o que eu imaginava. Na minha cabeça, ela abriria a porta e eu veria uma linda mesa com arranjos de flores recém-colhidas e um delicado espelho na parede ao lado, para que eu pudesse checar meu cabelo. Nenhuma mesa com vaso de flores me recebeu. Em vez disso, vi um armário com as portas meio abertas, cheio de roupas sujas e limpas misturadas. Esperava uma sala elegante com uma televisão de tela plana e um sofá perfeitamente posicionado para todas as cinquenta posições que eu pretendia experimentar naquela noite (peço perdão por ser tão rude, mas é nisso que o seu próximo sr. Agora Mesmo pensará quando você o convidar para um jantar e filminho).

Infelizmente, tudo o que vi foram coisas à venda e pilhas e mais pilhas de caixas. Seu apartamento parecia um depósito. Imediatamente pensei: "Ela é uma fugitiva que precisa de dinheiro para comprar uma passagem para a África, e assim escapar da dívida altíssima com a empresa do cartão de crédito. Ou talvez ela tenha algum problema com drogas e precise arrumar dinheiro para comprar mais." Para piorar as coisas, sua televisão era um pouco maior do que um iPhone e estava no chão, onde havia colocado duas almofadas enormes e dois pequenos pratinhos.

Eu me lembro de pensar: "Bem, ainda temos o quarto, espaço sagrado para todas as mulheres." Enquanto driblávamos as caixas para seguir em direção ao quarto, eu ainda tinha um restinho de esperança. Mas quando ela abriu a porta, a decepção foi total. Parecia o quarto de um viciado em *crack*. Havia apenas um colchão — só um colchão! Nada de estrados, alguma estrutura ou cabeceira. E o colchão nem tinha lençóis, estava coberto por uma espécie de manta. Dois engradados de leite faziam as vezes de mesinha de cabeceira. Suas roupas de ginástica, calcinhas e camisetas estavam guardadas em caixas de plástico. Não havia qualquer indício de que ali vivia uma mulher. Nenhum quadro pendurado nas paredes, nenhum cheirinho gostoso ou móvel delicado.

Demorou para que eu percebesse por que Tamsen vivia daquela maneira. Ela estava completamente preocupada com sua carreira, e se apaixonar não passava por sua cabeça. Tamsen passava por um momento de transformação, e a condição deplorável de seu apartamento era algo passageiro. Naquela noite, nos ligamos de todas as formas possíveis, e, pela manhã, o apartamento bagunçado era totalmente secundário. Não corri para a porta, mas não culparia nenhum cara que o fizesse. Felizmente, Tamsen demorou tempo suficiente para me chamar para sua casa. Quando eu descobri como era, já estava apaixonado. Se não fosse assim, acho que teria desistido. O choque do que eu vi naquele dia me deixa sem palavras. Passo então a vez para Tamsen.

EM MINHA DEFESA, devo dizer que o apartamento ficava num prédio bem bacana na Filadélfia. Tinha piso de madeira, um banheiro lindo em preto e branco e enormes janelas, que iam do chão ao teto e davam para uma charmosa praça. Eu adorava o apartamento. O problema é que passava muito pouco tempo nele e estava numa fase de transição. Meu objetivo era sair da Filadélfia rumo a Nova York. Eu ainda não tinha emprego nem uma oferta de trabalho, mas sabia que queria me mudar, por isso resolvi apressar as coisas. Além do mais, nunca liguei muito para decoração de interiores. De quantos jogos de lençol uma pessoa precisa? Hem? Então, coloquei algumas coisas à venda na internet e encaixotei outras, pois nunca se sabe...

Além disso, estava sem tempo. Trabalhava o dia inteiro e saía sempre que queria. Francamente, não tinha a menor intenção de impressionar ninguém. O que Matt pensaria sobre o meu apartamento era a minha última preocupação. Mas, olhando para trás, reconheço que meu apartamento era funcional, mas não era nem minimamente habitável. Eu me vestia para impressionar, mas, quando o assunto era casa, a mensagem aos rapazes era sempre a de que não havia nenhum espaço para compromisso na minha vida e não me importava se o cara fazia ou não parte dela. Tenho de agradecer a Matt por ter se esforçado para não se deixar abalar pela imagem que viu. Hoje, adoro decorar minha casa. Penso muito em tudo que coloco nela; quero que seja um reflexo de quem sou e do que quero dizer ao mundo. Eu não percebia quanto a casa de uma mulher é importante para os homens entenderem em que momento da vida elas estão.

Construindo um Ninho de Amor aconchegante para os homens

SE VOCÊ ACHA que sua casa precisa de uns retoques para ser bem vista por um cara, não se preocupe, pois nós temos dicas simples para que você, indo de cômodo em cômodo, saiba o que deve manter, jogar fora ou comprar. Não é preciso contratar um decorador caríssimo ou gastar horas em lojas de decoração tentando parecer alguém que você não é. Apresentamos algumas sugestões simples que podem melhorar sua casa e impedir que o sr. Agora Mesmo fuja antes de conhecê-la de verdade.

Sala de estar: lista de compras

No início, vocês passarão grande parte do tempo na sala de estar. Para ter certeza de que está preparada, eis alguns itens a acrescentar à sua sala para que não precise correr atrás do detalhe final logo antes de ele chegar:

➤ **Uma manta:** Esconda debaixo do sofá de forma que permaneça bem acessível. Se ele chegar uma noite e vocês quiserem se cobrir com ela, tenha certeza de que tem cheiro bom e pode ser encontrada sem desespero.

➤ **Velas:** Você pode comprar algumas pequenas ou uma grande, e o ambiente estará montado. Certifique-se de que tem isqueiro ou fósforos por perto. Você não quer criar uma cena de sedução clichê, mas também precisa estar pronta para tudo.

➤ **DVDs de menino:** Quando encontrar uns DVDs desse tipo em promoção, compre-os. Entre os títulos podem estar *O poderoso chefão*, *Scarface*, *Dias incríveis*, *Penetras bom de bico* e outros do gênero.

Cozinha: lista de compras

Os itens em sua geladeira e despensa devem ser escolhidos por você, mas eis uma lista de suprimentos para ter à mão no caso de ele aparecer...

- Água mineral
- Refrigerante (diet e comum)
- Cerveja
- Vinho (garrafa fechada)
- Maçãs ou peras
- Queijo
- Biscoitos salgados variados (nada de água e sal)
- Nozes ou damascos secos (para servir junto com o queijo)
- Amendoim e castanhas
- Bala de menta (para resolver qualquer problema de hálito)
- Café (para a manhã seguinte)
- Leite em pó (para não se preocupar se o leite vai azedar)
- Pão de sua escolha (congelado, para poder guardar por mais tempo)
- Manteiga (também congelada, e que deve ser descongelada alguns dias antes)
- Algo doce

Ninho de Amor: lista de compras

Seu quarto tem o poder da sugestão. Os homens acham que podem falar quase tudo sobre as mulheres no momento em que entram no quarto delas. Lá, ele pode imaginar tudo, desde você nua até a performance dele na cama. Um quarto possui muito significado, muitas coisas importantes podem acontecer por ali, então tenha certeza de que o seu está bem equipado antes que você chegue a um nível mais avançado, até porque é onde você pode demonstrar sua sensualidade e sua identidade. Os homens dão duro para chegar a ele, e uma vez que conseguem é hora de cortejar e fazer jus à sua princesa. Alguns detalhes deixarão seu quarto pronto para tudo.

- Velas
- Flores frescas
- Nenhum livro à vista (podem estar em estantes; os de autoajuda devem ser escondidos)
- Várias roupas (shorts masculinos, *lingerie* e dois robes, um de seda e um de algodão)
- Lençóis limpos
- Almofadas sexy

A mesinha de cabeceira deve ter:

- Balas de menta
- Óleo de massagem
- Qualquer outro item pertinente que ELE gostaria de usar (os brinquedinhos eróticos devem ser guardados, pelo menos até ele pedir algum)

Quiz do Ninho de Amor

1. Qual a primeira coisa que você vê quando entra na sua casa?
   a) Seu pôster do Bon Jovi, que está ali desde os tempos de escola
   b) Um lindo arranjo de flores frescas
   c) Uma televisão de plasma Sony de 57 polegadas
   d) Todos os seus sete queridos gatos

2. A palavra que melhor descreve sua casa é:
   a) Grandiosa
   b) Antiquada
   c) Entulhada
   d) Reluzente

3. Que revista está na sua mesinha de centro?
   a) *Caras*
   b) *Veja*
   c) *Placar*
   d) *Pais & Filhos*

4. O tapete da sua sala é de:
   a) Seda oriental
   b) Acrílico
   c) Sintético
   d) Que tapete?

5. O que está sempre visível em seu banheiro?
   a) Uma esponja com o formato do Bob Esponja
   b) Velas novas e refrescantes
   c) Óleos para o corpo
   d) Cortina de plástico do chuveiro

6. Se tivesse de sair de sua casa correndo e só pudesse levar um item, qual seria?
   a) Meu quadro do Elvis de veludo negro
   b) Meu porta-retratos de prata com a foto da minha família
   c) Minha coleção de bonecos de *Guerra nas estrelas*
   d) Minha escova de dentes

7. Onde você compra seus móveis?
   a) Na loja mais barata da cidade
   b) Encontrei tudo na rua
   c) Em leilões
   d) Em lojas exclusivas de decoração supertransadas

8. Na minha geladeira sempre tem...
   a) Cerveja
   b) Um bom queijo envelhecido
   c) Comida pronta comprada há semanas
   d) Sobremesa de chocolate do supermercado

9. Sua casa dos sonhos seria...
   a) O Taj Mahal
   b) A casa mal-assombrada do parque de diversões
   c) O palácio de Buckingham
   d) Um hotel de cinco estrelas

10. O que você sente quando entra em casa?
   a) Alegria
   b) Conforto
   c) Medo
   d) Desorientação

Você é uma mulher de classe se respondeu: 1-b; 2-d; 3-b; 4-a; 5-b; 6-b; 7-d; 8-b; 9-d; 10-a.

O LUGAR QUE você chama de casa é um reflexo de você mesma. E agora que você é uma *Bond Girl*, sua casa precisa fazer jus a isso! Mas essa não é a única razão para construir um Ninho de Amor incrível. Não se trata apenas de conseguir um cara, mas também de como mostrar-se a ele. Então, enrole o tapetinho de boas-vindas e prepare um ambiente que o faça querer voltar.

4
Onde os homens estão

EI, VOCÊ! É, você mesma, que fica sentada na sala do seu apartamento, com sua calça de moletom, reclamando com suas amigas sobre todos os caras idiotas da cidade. Deixe de lado a taça de vinho e apague esse cigarro (você nem fuma!); chega de drama! Se não adotar algumas medidas sérias, o fantasma da solteirona vai se prender a você, e em trinta anos suas noites de sexta-feira se resumirão a Nélia, que divide apartamento com você, insistindo para você colocar seu casaco para ir à cozinha e alimentar seus gatos. Mas é verdade, o sr. Perfeito não vai aparecer tão cedo. Chegou a hora de levantar esse corpaço do sofá, sair de casa com algumas amigas bonitas e mesmo com algumas nem tão bonitas assim (essas amigas não tão bonitas a deixam ainda mais interessante — desculpe, sou homem e só estou

tentando ser honesto!). Vá aos lugares onde imagina estar o cara certo. Seu futuro amor está a caminho. Ele está por aí, e vocês precisam se encontrar.

Minhas clientes sempre me perguntam onde encontrar homens legais e o que fazer quando os veem. Neste capítulo, vamos falar sobre tudo o que você precisa saber sobre *onde* encontrar os caras e *o que fazer* quando surgir alguém interessante. Este capítulo contém uma lista de lugares aonde os rapazes vão, se divertem e socializam. Além disso, vamos ajudá-la a lidar com as ferramentas que estão à sua disposição, como sites de relacionamento na internet e serviços profissionais como o nosso, para que possa começar sua busca.

Não pretendemos deixá-la sozinha. Seria horrível encontrar o homem da sua vida e não saber como mantê-lo com você. Por isso, daremos algumas dicas sobre o que fazer quando encontrar o seu cara.

No entanto, antes de mergulharmos na lista, gostaria de lembrar uma coisinha: quanto mais "mercado de carnes" o lugar for, pior será a qualidade das pessoas que você encontrará, e maior o risco de encontrar um cara que só está interessado em sexo por uma noite e nada mais. A verdade é que ambientes mais calmos e descontraídos podem gerar relacionamentos mais profundos e duradouros. Exemplos de lugares pouco recomendáveis: bares, encontros de solteiros e sites na internet. Alguns acham que agenciamentos de encontros também podem ser pouco naturais e muito forçados, mas, se feitos com qualidade, podem levá-la "ao cara". Confie em mim: vi acontecer com meus próprios olhos. Neste capítulo, vamos lhe mostrar como se faz. E, sabendo que os namoros pela internet vieram para ficar, você precisa aprender a tirar proveito dessa ferramenta. O segredo para encontrar o cara perfeito é ser paciente, independentemente dos meios que você utiliza para procurar. O cara certo está lá fora, você só precisa encontrá-lo.

A "caça ao tesouro" diária das solteiras

MENINAS, HOMENS não são difíceis de encontrar. Na verdade, você está rodeada por eles. Então pare de reclamar da sua sorte e olhe à sua volta. Você ficará surpresa. Não importa onde você mora. O primeiro passo é abrir a mente e o coração para conhecer o homem dos seus sonhos. Mas vou ser sincera: encontrar um cara pode levar tempo, e encontrar um cara muito legal pode ser quase impossível, a menos que você esteja aberta a todas as possibilidades que aparecerem no seu caminho. A velhinha que você ajudou a atravessar a rua pode ter um neto lindo que ela está louca para apresentar a alguém. O homem que vem lhe perguntar como chegar a algum lugar poderá optar pelo caminho de convidá-la para sair. Já ensinamos como se vestir para um homem e como arrumar sua casa. Agora vamos ensinar como encontrar um. Eis alguns dos lugares mais populares para conhecer um cara legal. Dividimos por faixas etárias, para ajudá-la a encontrar o sr. Perfeito.

Mãos à obra

De acordo com um estudo recente, mais de 50% dos casais se conheceram por acaso. Não estavam lindamente vestidos nem esperavam encontrar a pessoa certa naquele dia. Simplesmente aconteceu. Por isso, locais como bares, discotecas ou festas de solteiros podem ser decepcionantes. Num bar, as pessoas dão um jeito de olhar todos que entram. Muitas mulheres se arrumam e passam suas sextas-feiras e sábados de bar em bar, esperando encontrar o cara perfeito. E a maioria delas volta para casa desapontada. Então, não espere seu fim de semana para encontrar o cara certo. Comece hoje, no caminho para o supermercado.

Não estou dizendo que você precisa estar vestida de forma impecável em todos os momentos; basta uma roupa razoável e estar atenta a quem passa à sua volta. Alguns desses lugares, que podem ser muito chatos a princípio, podem ser bem divertidos se você está num bom estado de espírito. Correios, lavanderia, farmácia, locadora e padaria — em qualquer um desses lugares pode estar seu futuro amor.

Entre na fila

Falando em padarias, os homens surpreendentemente dizem que filas são ótimos lugares para conhecer uma mulher. Pensando bem, faz sentido. Homens ficam confortáveis quando rapidamente veem que têm algo em comum com a outra pessoa. O fato de os dois estarem em pé, numa fila irritante, pode ser uma boa maneira de quebrar o gelo. Dizem que a tristeza nunca está sozinha. Bom, nesse caso, pode-se dizer que a tristeza não deixa ninguém sozinho. Quando estão esperando numa fila, homens ficam mais abertos a conversar com estranhos, para passar o tempo (e, talvez, para que você passe o seu telefone para eles). Então, não fique ali parada, fantasiando com o bumbum lindo que está na sua frente. Faça alguma coisa! Quando ele sorrir, e ele vai sorrir, faça um comentário sobre suas compras e comece uma conversa.

Quer uma carona?

Metrô, ônibus ou trens lotados podem ser veículos para o amor. Caso em questão: uma de nossas clientes da Filadélfia estava desconsolada por causa de um homem com quem estava saindo. Ela ia toda sexta-feira a Nova York para se encontrar com um cara que mal tinha tempo para ela. Passavam um fim de semana solitário, com sexo ruim e conversas vazias, e depois ela pegava o trem de volta para casa se sentindo insegura com ela mesma e com o relacionamento, imaginando se um dia encontraria o verdadeiro amor.

Certo domingo, sentada no trem, ela percebeu que estava rodeada por vários caras bonitos. Desligou seu iPod e puxou conversa com um deles. A conversa estava tão boa que quase perdeu sua parada. Essa experiência a fez pensar em todas as oportunidades que estava perdendo. Em suas viagens, só pensava no cara de Nova York, sem perceber todo o potencial que tinha à sua volta. Quando se deu conta de quantos homens bonitos e legais havia no mundo, terminou seu caso com o sr. Errado. Acredite ou não, ela conheceu seu atual marido na viagem de volta, após terminar tudo com o anterior.

Busque um esporte e exercite-se

Se não é do tipo esportiva, talvez essa dica não seja para você. Mas se gosta de suar depois do trabalho ou nos fins de semana, por que não tentar um esporte de equipe? Solteiros e times são uma combinação vencedora. É uma forma interessante de conhecer bem uma pessoa e ficar à vontade. É mais difícil ser falso quando você precisa passar a bola para alguém ou defender um ataque do adversário. Esportes de equipe fazem com que você conheça gente nova mais rápido, e você vê as pessoas interagindo umas com as outras. Benefício extra: quando homens e mulheres jogam em times adversários, a tensão sexual vem naturalmente, e de repente vocês estão jogando o jogo do amor. Alguns exemplos de esportes de equipe são o futebol, vôlei, basquete e polo aquático. Monte um time no seu trabalho, igreja, vizinhança ou academia. Mas não use aquela camiseta velha e aqueles tênis imundos. Compre algumas roupinhas de esporte legais e mostre seu lado atlético.

Amor animal

Vamos encarar: algumas vezes o melhor amigo de uma mulher pesa poucos quilos e pode ser carregado no colo. Amorosos, leais e sempre os melhores ouvintes, nossos cachorrinhos veem os amigos mais próximos irem e virem e comemoram em segredo quando percebem que demos um pé na bunda de um cara. Pequeno ou grande, peludo ou não, é a única companhia que sempre vamos encontrar em nossas camas à noite. E o melhor é que podem servir como ímã de homens: eles gostam de cachorros. E de garotas com cachorros. É hora do seu querido cachorrinho mostrar serviço. Calce seu tênis, coloque uma coleira em seu cachorro e saia para passear. Homens vão parar o tempo todo para brincar com seu acompanhante, e talvez um ou dois deles também olhem para você. Outra boa saída é levar seu cão a um parque. Homens solteiros adoram levar cães para passear em parques. Como eu já disse, é muito mais fácil para um cara se aproximar quando ele nota que tem algo em comum com uma mulher. O amor de ambos por cães pode ser uma ótima forma de quebrar o gelo.

Café e restaurante japonês

São ótimos lugares para conhecer homens, pois é perfeitamente aceitável que uma pessoa se sente sozinha para tomar um café ou comer um sushi. E caras solteiros adoram esses momentos, porque servem para pensar na vida. É difícil se sentir sozinho quando se está rodeado de várias pessoas. E também vale aquele papo de ter algo em comum; é fácil iniciar uma conversa com alguém sobre cafés ou comida japonesa.

Eventos de caridade / grupos de voluntariado

Se você gosta de voluntariado ou frequenta eventos de caridade, é bom que esteja ao lado de outra pessoa que também gosta.

Descobri que mulheres solteiras conhecem caras bem legais quando se voluntariam em atividades como mutirão de coleta de lixo, doação de alimentos e distribuição de sopa aos pobres. Caridade não tem a ver apenas com boas ações para a comunidade, mas para você também, que poderá faturar um encontro na próxima sexta-feira!

Lojas de eletrônicos

Se estiver entediada num sábado à tarde, dê uma passada na loja de eletrônicos mais próxima e você verá onde os homens se escondem. Eles adoram eletrônicos, pois, com eles, podem voltar à infância. Enormes lojas de computadores, de celulares e de aparelhos de som colocam tudo à disposição na vitrine, e você rapidamente poderá achar o cara ideal para o seu gosto. Brincadeira. Agora, é sério: os aparelhos eletrônicos relaxam os homens, e fazem com que estejam mais abertos a iniciar uma conversa com você.

Grupos de caminhada

Sei que já mencionamos a prática de esporte, mas os grupos de caminhada podem ser uma experiência ainda mais íntima do que os esportes em equipe. Membros de grupos de caminhada se encontram semanalmente, mas alguns participantes mais ávidos se encontram durante a semana para andar mais alguns quilômetros. Para aproveitar ao máximo grupos como esses, garanta que os outros membros saibam que você está interessada em caminhar de verdade. Por isso, nunca reclame. Se decidiu entrar, não pense em bancar a "garotinha boba", ou os homens acabarão correndo de você. Tenha certeza de que será capaz de acompanhar o grupo. Não há nada menos atraente do que uma mulher suada e ofegante sentada à beira de uma pista de corrida.

Onde encontrar o cara: faixas etárias

FALEI SOBRE lugares onde conhecer homens, agora quero dividir os locais por faixas etárias. Homens de 25 anos têm interesses diferentes dos de 45. Confira os locais mais prováveis de encontrar o homem que você procura:

De 25 a 30 anos:

1. Por sua família e amigos (faça com que todos os solteiros saibam que você também é solteira)
2. Academia de ginástica (isso significa: nada de roupas velhas; vista-se bem quando for malhar)
3. Pistas de corrida e ciclovias
4. Praias
5. Estações de esqui
6. Festas (vá em frente, garota!)
7. Em passeios com seu cachorro (se você não tiver um, peça o de sua amiga)
8. Em aulas de pós-graduação (especialmente em áreas dominadas por homens, como MBAs)
9. Eventos esportivos (ou bares que colocam grandes telões para jogos importantes; isso fica ainda melhor em cidades grandes)
10. *Speed dating*
11. Lojas de música e livrarias

12. Lojas de computadores e eletrônicos (nesses lugares, eles viram crianças)

De 30 a 40 anos:

1. Comer fora com amigos (dê uma olhada nas mesas ao lado e deixe claro que o momento não é íntimo. Isso é mais fácil em restaurantes badalados e com mesas para muita gente; existem muitos assim hoje em dia)
2. Viagens de aventura para solteiros
3. Aulas (culinária, degustação de vinhos, computação)
4. Esportes coletivos
5. Supermercados e delicatessens, que oferecem refeições sofisticadas no local
6. Grupos religiosos
7. Por colegas de trabalho e amigos
8. Manhãs de sábado e domingo em lojas de construção (fique rodando pelos corredores)
9. Serviços de encontros amorosos (são muito eficientes, e você não precisa fazer o trabalho sujo de encontrar a pessoa certa)
10. Clubes de caminhada
11. Grupos de voluntariado
12. Boliches, pistas de *skate* ou o jardim zoológico

Acima de 40:

1. Lojas de construção nos fins de semana
2. Conferências sobre tecnologia (se liguem, meninas!)
3. Aviões (viaje a trabalho de primeira classe ou classe executiva sempre que possível)
4. Serviços de encontros amorosos

5. Jantares de solteiros, degustação de vinhos
6. Lojas de brinquedos ou parques (pais solteiros normalmente levam seus filhos a esses lugares nos fins de semana)
7. Eventos de caridade chiques
8. Grupos religiosos
9. Grupos de pais solteiros
10. Supermercados e delicatessens, que oferecem refeições sofisticadas no local
11. Contrate um *personal trainer* (ele pode ter um cliente solteiro para apresentar a você. Se isso não acontecer, pelo menos você estará cuidando de seu corpo)
12. Lançamentos de livros, inaugurações de exposições, eventos pela cidade (para ver e ser vista em todos os lugares!)

Serviços de encontros amorosos

PARA ALGUMAS pessoas, esses serviços são tão importantes quanto seu *personal trainer*, empregada doméstica ou passadeira. Preocupados com a carreira profissional, muita gente não tem tempo para buscar o par perfeito.

Existem serviços diferentes: os que buscam parceiros não são iguais aos que marcam encontros. Se escolher os que encontram um cara para você, o processo pode ser mais lento, mas as chances de encontrar alguém para uma relação duradoura são maiores. Mas tenha a certeza de contratar serviços de agências com experiência comprovada e sólida reputação. Eis alguns prós e contras:

Serviço de agenciamento de encontros	
Prós	Os agenciadores se encontram, interagem e conhecem pessoalmente os clientes. Você recebe a informação do profissional, não de seu novo namorado em potencial, o que é positivo, considerando que as pessoas muitas vezes mentem ou dão informações incorretas sobre si mesmas.
Contras	Pode levar um tempo até encontrar a pessoa perfeita, pois trata-se de uma rede limitada de opções. Pode ser mais caro do que um serviço de agendamento de encontros.

Serviço de busca de parceiros	
Prós	Os próprios clientes escolhem seus parceiros. É mais barato.
Contras	Você tem de acreditar nas informações oferecidas pela pessoa. Caso seus requisitos sejam muito específicos, você pode ser facilmente ignorada, pois isso diminui sua rede de opções.

Encontros pela internet: George Clooney ou Jorge Silva?

PERFIL POSTADO:

Nome: João
Idade: 35
Descrição: Alto, moreno, bonito
Profissão: Médico
Salário: Alto
Hobbies: Cozinhar, viajar, malhar, curtir a casa, estar apaixonado
O que eu quero: Uma mulher maravilhosa para ser a mãe de meus filhos

ESSE PERFIL não parece perfeito? Ele é o genro dos sonhos de sua mãe! Além disso, já demonstrou interesse e está on-line! De repente, surge uma mensagem na sua tela, e uma conversa se inicia...

Ele: "Oi, gata!"

Você: "Oi."

Ele: "Gostei da sua foto. Fale mais de você."

Você: "Falar o quê? O mais importante é que o cara seja NORMAL! Também quero que seja financeiramente independente, lindo como um modelo e que me trate como uma princesa (risos)."

Ele: "Certo, certo e certo. Eu acabei de ganhar uma boa grana, fui modelo da Calvin Klein e cavalheiro é meu sobrenome... Quando podemos nos encontrar?"

Você: "Ótimo! Aprovado! Estou livre quarta à noite, para um drinque."

Ele: "Perfeito!"

Três dias depois, suas mãos estão suando enquanto você espera à porta do bar onde marcaram o encontro. Você está pensando: "Esse pode ser meu último primeiro encontro. Talvez ele seja 'o cara'!" E olha freneticamente para todas as pessoas que entram e saem do bar, na esperança de seus olhos cruzarem com os olhos daquele "George Clooney" que você escolheu entre os milhares de perfis da internet.

Até que ouve alguém chamar o seu nome. Você vira a cabeça lentamente. Em vez de George Clooney, quem aparece é Jorge Silva. No final de uma longa e arrastada noite, você descobre que a foto que ele postou foi tirada há 15 anos e que seu perfil deveria ser este:

Nome: Alberto
Idade: 46
Descrição: Baixo, calvo e frustrado
Profissão: Desempregado
Salário: Nenhum no momento
Hobbies: Ficar em casa... comendo!
O que eu quero: Qualquer pessoa viva

Soa familiar? Namorar pela internet não significa encontrar pessoas dispostas a postar informações verdadeiras e atualizadas. Aqui vai a minha opinião sobre namoros *high-tech*: pode ser a forma mais eficiente ou a mais frustrante de encontrar um amor. É um verdadeiro jogo de azar. Quanto mais rápido você conseguir descobrir que tipo de pessoa seu namorado em potencial é, mais cedo você se torna profissional no assunto.

Veja o exemplo que demos: o maior problema com encontros on-line é que as pessoas mentem para atrair parceiros.

Assim como você, também não entendo por que isso acontece, por que as pessoas mentem sobre sua aparência, sua profissão ou qualquer outra coisa. Um dia eventualmente vocês vão se conhecer, e tudo irá por água abaixo. Acho que muitos fazem isso para melhorar seus próprios egos e viver uma fantasia no ciberespaço. Seja qual for a razão, as mentiras e atuações são uma perda de tempo e geralmente são responsáveis por criar situações constrangedoras. Eis algumas dicas para evitar esse problema quando buscar um amor na internet, pois, apesar de tantas decepções e bolas fora, é possível encontrar alguém legal on-line, especialmente hoje em dia, quando essa prática se tornou perfeitamente aceitável.

Regras do teclado:

1. **Pare de perder tempo.** Isso significa que, se você está "teclando" com alguém, não deve esperar muito tempo para conhecê-lo pessoalmente. Eu diria que não mais do que uma semana. Isso não quer dizer que vocês devam se encontrar na primeira noite, mas não encoraje um relacionamento virtual, pois alguns caras ficam com preguiça de marcar um encontro se você prolongar demais o papo pela internet.

2. **Nunca, sob nenhuma circunstância, saia com um cara logo depois da primeira conversa on-line.** A maioria dos caras está em busca de uma transa e nada mais. Não importa o que digam em seus perfis, eles só estão procurando a srta. Agora Mesmo. Isso significa que não vão aparecer no bate-papo no dia seguinte se você se mostrar disponível ao primeiro sinal de um convite. Independentemente do que ele diga, que vai deixar o país e que não terá mais nenhuma

oportunidade de encontrá-la, ou que ele tem parentes doentes que moram em outro planeta e ele precisa visitá-los. *Não se encontre com alguém imediatamente depois de ter a primeira conversa on-line. Ponto final.*

3. **Peça uma foto com data.** Lembre-se, todos parecemos lindos quando temos vinte anos de idade, mas as coisas mudam, a gravidade atua e, antes que você perceba, está sentada para jantar ao lado de um homem que parece o pai do seu pai. Isso pode soar superficial e grosseiro, mas é preciso que você saiba com quem está se envolvendo, mesmo que seja apenas pelo computador.

4. **Depois de marcar o encontro, ligue para o trabalho e a casa dele, só para confirmar as informações que ele passou para você.** É bom ter certeza de não estar sendo enganada. Infelizmente, quando o assunto é encontros on-line, é bom bancar a detetive só para ter certeza de que tudo se encaixa.

5. **Finalmente, quando se encontrarem, se não rolar a química, seja honesta e parta para outra.**

GAROTA, LEVANTE-SE desse sofá, pegue seu cachorrinho ou convide uma amiga legal e saia daí! Você não tem mais desculpas. Já sabe que homens disponíveis estão em qualquer lugar. Então, abra os olhos e a mente para a possibilidade de encontrar "o cara". A melhor parte disso é que a busca em si já é divertida. Em vez de se sentar e lamentar sua solteirice, você estará vivendo a sua vida, se divertindo e ganhando experiência.

5
Como fazer com que ele a convide para sair?

Quem é pior: o cara sentado no bar que tenta criar coragem para se aproximar de uma mulher na esperança de ter entendido bem os sinais de interesse dela, ou a mulher que espera a aproximação de um cara após ter exercitado todos os gestos "sutis" possíveis, menos o de derramar bebida nele para ter de se apresentar?

Pergunta difícil. A verdade é que esperar é uma droga! No entanto, sou solidário às mulheres nesse ponto, pois é mais fácil partir para cima do que ficar esperando que alguém nos encontre. Ainda que seja verdade que os homens gostem de ser agressivos, às vezes eles não sabem como dar o primeiro passo. Infelizmente, em relação a mulheres, os homens podem ser bem fracos — seus egos são frágeis como vasos de vidro. Não se engane com os caras sarcásticos e expansivos com tendência a fazer joguinhos. O que esses homens muitas vezes tentam é superar sua falta de confiança no que diz respeito ao sexo oposto e, para ser honesto, à vida em geral.

Então lá está você, esperando e tentando imaginar o que passa na cabeça dele. O que exatamente aquele cara bonitinho no bar ou na fila do mercado está pensando? Como sou o traidor da classe, vou deixá-la adentrar a mente dele. Quando você souber exatamente o que está se passando na cabeça de um cara, estará pronta para quando ele finalmente vier falar com você.

Os pensamentos dele

"Estou aqui há duas horas com meus amigos e dei três voltas ao redor do bar para checar os filés (quer dizer, as mulheres), e ainda acho que aquela garota perto da porta da entrada é a melhor por aqui. Mais uma cerveja e parto para o ataque, não quero me sentir mal enquanto estiver falando com ela. Cara, ela é gostosa. O problema é que já conversou com uns seis caras e nenhum deles conseguiu se aproximar. Humm, qual é a dela? Percebi que ela me olhou umas três vezes. Meu amigo também reparou. Mas não sei. Deixa eu terminar essa cerveja, estou quase pronto. Mas, peraí, no que estou pensando? Que horas são? Preciso ter certeza, pois se já estiver na missão de arrastar essa garota para minha casa e aparecer outra melhor, será o fim da picada. Viu, ela acabou de me olhar outra vez! Droga, tenho que ir agora, antes que ela vá embora. Vou primeiro sorrir para ver sua reação. Certo, lá vou eu (cérebro para boca: 'Sorria!'). Acho que não me saí tão bem... ela olhou para mim e mordeu o lábio inferior. Nenhum sorriso. Talvez eu tenha entendido mal.

Será? Cara, olha para essa garota que acabou de entrar. Ela olhou para mim! Talvez eu deva falar com ela..."

Então, enquanto você está lá, pacientemente sentada, tentando manter o seu olhar de paquera, a cabeça do cara mal começou a funcionar. Vamos examinar alguns detalhes dessa cena:

➤ **Quando um homem sai em grupo, raramente deixa a segurança dos seus amigos para falar com uma mulher.** Existe um acordo não verbal de que os homens saem para ficar entre eles, e qualquer atenção que dispensam às mulheres é apenas uma tentativa de se exibir ou de divertir os outros homens da caverna.

➤ **Homens não são bons em detectar mensagens sutis de mulheres.** Isso sempre me surpreende. Minha teoria é a de que os homens são tão cegamente inseguros que literalmente não conseguem enxergar as "deixas". Veja como foi difícil para o cara da história acima acreditar que a mulher poderia estar interessada nele. E ela já tinha deixado bem óbvio — desde ficar olhando para ele durante 45 minutos até os sorrisos convidativos, passando pela clássica mordida no lábio, que significa "eu quero tanto ficar com você que posso sentir seu gosto". O cara estava simplesmente inseguro demais para acreditar que uma mulher tão bonita poderia estar interessada nele.

➤ **Homens sofrem do que eu chamo de "a síndrome do melhor está por vir".** Eles acreditam que por mais incrivelmente bonita, interessante e sexy que seja a mulher à sua frente, uma outra ainda mais bonita, mais interessante e mais sexy o está esperando por aí. Acredito que essa síndrome seja na verdade um mecanismo de defesa. Os homens lançam mão desse artifício para evitar qualquer envolvimento maior com as mulheres. Pense nisso. A predisposição genética dos homens sugere que eles deveriam colocar sua "marca" no maior número possível de mulheres. É uma tendência que surge até numa simples noite com os amigos. Numa situação como a que descrevemos, essa síndrome leva a uma conversa banal e idiota que deixa a mulher se sentindo mal. E os homens voltam para casa sozinhos, gratificando a si mesmos num pequeno apartamento num bairro ruim da cidade.

➤ **Homens têm uma fórmula especial para decidir se devem ou não se aproximar de uma mulher que lhes interessou.** Eis como funciona a tal fórmula: quanto mais atraente for a mulher, mais esforço um homem tem de fazer para dormir com ela. Os homens, em geral, podem ser bem preguiçosos. Então, quando veem uma garota que lhes interessa, se transformam em computadores humanos e calculam o risco em relação aos ganhos associando-os à energia e ao tempo necessários para levá-la para a cama. Quando uma mulher linda observa um cara, sorrindo, praticamente se jogando em cima dele, e ele fica lá, parado, coçando o saco, talvez signifique que não está interessado em ter de se esforçar tanto para ganhá-la. É bem mais provável que ele se aproxime de mulheres menos atraentes aos seus olhos, porque acha que vai ser mais fácil levá-las para a cama.

A espera acabou

A BOA NOTÍCIA é que você não precisa ficar sentada esperando que o homem dê o primeiro passo. Aproxime-se você mesma! Mas antes de mostrar como agir, é importante entender que existe uma linha tênue entre fazer com que ele a convide para sair e convidá-lo você mesma. Não queremos que você seja tão direta. O homem ainda deve ser o caçador, mas se for esperar que alguns caras entendam isso, você ficará velha e grisalha antes de conseguir sair com eles. Isso não quer dizer que você deva se atirar em todos os homens que cruzarem seu caminho, mas existem formas de mostrar que você está aberta e receptiva e que não vai tratá-lo como lixo assim que ele se aproximar. Lembre-se: você é uma mulher confiante que nunca vai agir de forma desesperada, independentemente de quanto esteja a fim de um cara. Por isso, vamos lhe ensinar como chamar a atenção de um homem, talvez até se aproximar dele. Mas, lembre-se, você nunca vai convidá-lo para sair.

A melhor aproximação

CASO A CASO, vou mostrar como fazer com que um cara a convide para sair. Se o seu objetivo é atrair a atenção de um homem, ou fazer com que ele a veja mais do que como uma amiga, você deverá seguir alguns passos que podem variar, dependendo se ele é um desconhecido, um amigo ou um colega de trabalho.

Quando ele é um desconhecido

Certo, você não sabe nada sobre ele. Nunca o viu antes, mas ele é lindo. Então, mãos à obra e prepare-se para ir em frente. Você não tem nada a perder. Se ele for receptivo, você vai se destacar e ele poderá nunca mais se esquecer de você, mesmo que o relacionamento não dê certo. Se for frio e distante, deixa pra lá. Isso não tem *nada* a ver com você mesmo. Não leve para o lado pessoal. Caras que não gostam quando uma desconhecida se aproxima para conversar não são homens, e sim meninos inseguros.

Mas você deve ter certeza de se aproximar da maneira correta. Lembre-se: poucas mulheres se aproximam de desconhecidos. O primeiro passo é se deter no lugar em que estão, a única coisa que vocês têm em comum de imediato. Se estiverem numa fila de padaria, faça um comentário sobre o atendimento, os produtos ou como tudo ali é muito caro. Mas tente sempre dar um tom otimista aos seus comentários, nem que seja um pouco. Melhor: pergunte algo. Os homens ainda fantasiam com a donzela que precisa ser salva. Isso é legal, porque equilibra a sua posição de "ataque" com a passividade feminina. É bem provável que ele se transforme num especialista, seja qual for o tema da pergunta.

Durante a longa dissertação que ele fizer sobre pães (vocês estão numa padaria), seus códigos não verbais devem ser certeiros. Eis as minhas dicas:

- **Não perca o contato visual com ele em nenhum momento.** Deixe que seus olhos encarem os dele um segundo a mais do que o esperado.
- **Mexa seu cabelo de forma sutil.** Se for longo, mexa nele, enrole-o, prenda-o atrás da orelha de maneira sexy. Se for

curto, baixe a cabeça, passe sua mão sobre o cabelo e olhe diretamente nos olhos dele quando levantar a cabeça.

- **Deixe que ele fale.** Você fez a pergunta, então seja uma boa ouvinte. Não o interrompa todo o tempo, mas comente suas respostas.
- **Quando responder ou comentar algo, toque no ombro ou no braço dele.** Isso passará a mensagem nas entrelinhas de que você não está nem um pouco interessada em pães.
- **Após a resposta dele, não tem problema mudar de assunto e buscar outras coisas em comum entre vocês dois.** Por exemplo, pergunte se ele só compra pães nesse lugar e diga que você compra ali porque é perto de sua casa. Ele provavelmente vai responder e dizer por conta própria onde mora; e então você pode dizer a ele que corre na beira do rio que passa por perto da casa dele, e talvez ele diga que faz o mesmo. Aí você pode dizer que está procurando companhia porque sai para correr um pouco mais tarde e que ele poderia se candidatar. Ele vai aceitar, porque você foi gentil, confiante e, mais importante, foi única (já que se aproximou dele). Viu, você já tem um encontro, e tudo por causa de um pão!

Quando ele simplesmente não quer

Conheça o sr. Cabeça-Dura. Você deu todos os sinais possíveis (e ouviu tudo o que lhe dissemos), e ele ainda não pegou a "deixa" nem disse "oi". A bem da verdade, ele mal consegue ficar perto de você. Será que está completamente apaixonado ou é apenas um cretino?

Está claro que os homens são inseguros na hora de se aproximar de uma mulher, mas o que não é tão óbvio é como cada um lida com isso. Se um cara que fala tanto quanto o Frankenstein continua sem mostrar interesse, você terá de agitar o pedaço, dar o primeiro passo e ver se ele corresponde. Se ele conseguir superar a timidez e se mostrar um cara falador, inteligente e charmoso, ótimo. No entanto, se você encontra outro monstro que se esconde nas sombras — o típico homem que busca pela mulher perfeita e que não aceitaria qualquer outra, não importa quando nem o lugar —, fuja! O que faz esses caras ainda saírem de casa é um mistério para mim. Eles deveriam ficar esperando a modelo da revista *VIP* tocar sua campainha e jurar amor eterno. É o destino, certo? Ah, me poupe!

Tenha em mente que talvez o cara lindo da cafeteria para quem você não para de sorrir esteja esperando o... namorado. Então, reze pela genética e torça para que ele tenha um irmão heterossexual.

Finalmente, um cara pode não se aproximar porque simplesmente não está interessado. E adivinhe: não há o menor problema nisso. Ter química é essencial. Sem ela, não há chance. Não há saída. Nada vai acontecer. Se esse cara lindo ao seu lado gosta de loiras e você é ruiva, deixe para lá. O que você pode fazer? Comprar uma peruca? Os homens gostam do que gostam, assim como você também tem suas preferências. Então, mantenha o foco e tente encontrar o cara pronto a corresponder ao seu interesse.

Quando ele está on-line

Se você conhece o tal cara no "mundo real", como um amigo de um amigo que você conheceu numa festa, que você sempre pensou em se aproximar e já tem o e-mail, talvez seja o caso de enviar um "oi" pela internet. Nesse caso, tenha certeza de estar enviando um "oi" despretensioso do tipo: "Você corre naquele parque? Acho que te vi por lá." Se ele for receptivo e perguntar algumas coisas, sinta-se livre para continuar a conversa e ver se ele a convida para sair. Mas, se ele responder com um frio "sim", delete seu e-mail da lista de contatos.

Isso nos leva à seguinte categoria: um homem bonito que você encontrou na internet em um site de relacionamentos. Claro que ele não pode ser tão perfeito. Fique atenta ao sr. Bom Demais Para Ser Verdade. O gostosão com todas as respostas certas pode ser uma fraude. Aproximações virtuais podem estar cercadas de armadilhas se você não conhece quem está do outro lado. Por isso, queremos que você vá com calma na hora de fazer com que um cara a chame para sair desta forma. Como falamos no capítulo quatro, existem muitos casos de sucesso de namoros que começaram pela internet, mas também problemas sérios. Na verdade, o resultado pode ser o caminho para o altar ou a fuga do inferno. Veja minha lista de prós e contras:

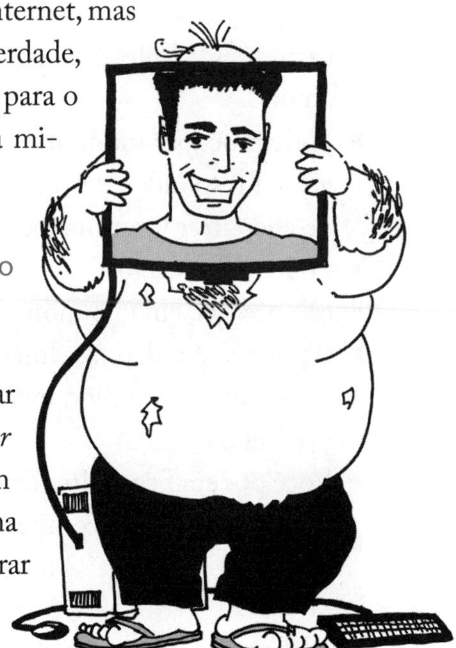

Os prós: clicando em direção ao romance

- Você não vai precisar gastar preciosas horas no *happy hour* mais próximo de sua casa. Com um clique, poderá baixar uma lista de pretendentes e esperar que as respostas cheguem à sua caixa de entrada.

- É mais fácil flertar por uma tela de computador, e você nem precisa estar vestida para matar!
- Você pode ser totalmente seletiva em sua escolha, sabendo até mesmo que tipo de sapatos ele gosta de usar.
- Pode ser divertido e sem estresse. Você estará se abrindo a várias oportunidades e não apostando todas as suas fichas em apenas uma.
- Você pode manter sua privacidade, pois decide quanto revelar ao pretendente.

Mas, com os pontos positivos, vêm os pontos negativos...

Os contras: sexo, mentiras e a tela de seu computador

- Encontros pela internet podem ser uma grande perda de tempo, pois homens e mulheres costumam procurar coisas diferentes. Muitos homens buscam sexo e muitas mulheres, amor.
- Podem ocupar muito do seu tempo. São muitas as mensagens a responder, e você terá de deletar alguns sapos antes de encontrar um príncipe.
- Podem ser perigosos se você disponibilizar muita informação pessoal, então o monitoramento deve ser constante.
- As pessoas podem facilmente forjar uma imagem enviando fotos antigas, ou pior, inventando um perfil com informações alheias!
- Você poderá ficar solteira por um tempo, porque fica muitas horas na frente do computador em vez de sair em busca de pessoas e experiências reais.

Agora, vamos voltar ao sr. Bom Demais Para Ser Verdade e fingir que ele é realmente tudo isso, mas ainda não a convidou para sair. Você pode enviar uma mensagem, mas de forma amigável. Isso quer dizer que em vez de escrever "adoro seus olhos", você deve fazer perguntas mais factuais, como "qual o nome do seu cachorro?", "quanto tempo você morou fora?", "qual o significado do seu nome?". Isso não apenas irá diferenciar o seu e-mail dos de outras garotas, mas dará a ele uma chance de conversar com você, não apenas flertar. O relacionamento vai começar com substância, e não com comentários tolos. Se ele não responder, esqueça. Vá ao próximo perfil. Há muitos peixinhos no mar, mas o número de homens flertando na internet é muito maior.

Quando ele é um colega de trabalho

Aquele cara sexy que trabalha na sala ao lado está destruindo a sua rotina de trabalho. Em vez de terminar os relatórios, você não para de olhar para ele. Seria muito mais fácil se ele apenas se aproximasse e a convidasse para um café ou um almoço.

Você não leu nada do que escrevemos até agora? Ei! O cara obviamente precisa de uma forcinha antes de se apresentar. Como todas as mulheres de sucesso, você terá de fazer o trabalho de casa. Tente descobrir informações sobre sua origem, com quem está trabalhando e, é claro, se tem namorada. Quando tiver reunido informações suficientes, coloque-se no campo de visão dele. Passe por sua mesa, mas sem baixar a cabeça. Deixe que ele saiba que você o está vendo de outra maneira. Ou talvez várias maneiras! Sério, faça parte da memória visual diária dele. E como alguns caras têm medo de dar o primeiro passo no ambiente de trabalho, não será má ideia dar uma apimentada. Tente isso: deixe um envelope destinado a você na mesa dele. Isso dará uma razão para ele se aproximar, e isso é um bom começo. Ele poderá quebrar o gelo sem ter de "partir para o ataque". Quando ele vier devolver esse papel que você estará "procurando como uma louca", não deixe que ele vá embora sem um agradecimento apropriado. Ofereça um café ou, se ele não for da cidade, ofereça um passeio para mostrar seus lugares preferidos. Mas certifique-se de planejar um passeio diurno, porque uma noite na cidade poderia ser interpretada como "apressada demais". Lembre-se: existe uma linha tênue entre fazer com que ele a convide para sair e atirar-se nua nos braços dele.

Quando ele é apenas um amigo

Você conhece a história: primeiro amigos, depois amantes. Muitos dos casais felizes que conhecemos começaram assim. Vou dar um exemplo. Imagine um pré-encontro na sua casa antes de sair com amigos para bares ou boates da cidade. Nessa noite, no entanto, você quer terminar nos braços do seu amigo, digamos, Miguel, e não com suas amigas num restaurante. Você já vinha percebendo como Miguel é bonitinho e tem pensado um bocado nele há tempos; e ele também é solteiro. Vocês têm muitos interesses em comum e realmente gostam um do outro. É um bom começo, mas chegou a hora de saber se ele também está interessado.

Vista-se para matar. Um pouco mais sexy do que o normal. Se Miguel normalmente a vê de boné e camisa de time de futebol quando vocês assistem juntos aos jogos, procure mudar um pouco. Ele precisa parar de vê-la como um de seus amigos e enxergá-la como uma possível pretendente. Olhe quando ele chegar. Dê algumas dicas de seu interesse. Pegue no seu braço quando ele disser algo engraçado. Pegue um drinque para ele — nem pergunte se ele quer. Apoie sua cabeça no ombro dele enquanto ele estiver contando as novidades. Cole seus olhos nos dele. Ele vai perceber.

Quando a galera sair para a noitada, é bom ir com mais calma. Mude sua estratégia para manter Miguel ao seu lado. Em vez de lhe dar atenção especial, fique a uma certa distância em locais públicos. Deixe que ele imagine onde você está. Quando voltar para perto dele, dê um sorriso e faça com que ele saiba que você está disponível, mas não tanto. Você deve se transformar em uma mulher diante de seus olhos. Isso não é jogar: é mudar de papel na vida de outra pessoa e fazer com que ele enxergue em você uma pretendente, não uma parceira de bebedeira. Pode levar tempo, mas, se ele entender suas dicas, será o início de um relacionamento maravilhoso com uma base sólida: a amizade.

Mas atenção: NUNCA, em qualquer circunstância, durma com ele antes do tempo que levaria para dormir com um estranho apenas porque ele foi seu melhor amigo por três anos. Isso pode ser um desastre maior do que qualquer transa casual de que você já ouviu falar. Se vocês fizerem parte do mesmo grupo de amigos, essa primeira noite pode ser constrangedora demais para que os dois continuem se vendo de uma forma platônica. Coisas horríveis podem acontecer se a relação não der certo, e os dois podem se sentir usados, sem graça, ou imaginar que cometeram um grande erro. A última coisa que você quer é fazer sexo com um amigo numa semana e ser obrigada a conhecer sua nova namorada na semana seguinte, porque ele ainda considera você somente uma grande amiga.

Bandeira vermelha

É ÓTIMO quando um cara finalmente vence todos os obstáculos e a convida para sair. Mas ninguém quer perder tempo. Como encontros têm muito de erros e acertos, por que não evitar situações em que a relação está condenada desde o início? Você não quer que alguém a chame para sair para logo depois descobrir que ele não tem nada a ver com você. Para evitar essa situação, mantenha olho vivo nas bandeiras vermelhas, que são fáceis de perceber quando você está concentrada na aproximação dele.

- Se o cara fuma e você é alérgica a fumaça, ou simplesmente odeia cigarro, melhor deixar para lá. É perda de tempo. Você não precisa passar as próximas seis semanas da sua vida comprando adesivos de nicotina, na esperança de que ele pare de fumar.
- Se ele está conversando com todas as solteiras do bar, oferecendo-lhes drinques e sendo bastante prestativo, ele provavelmente não está procurando amor. Um jogador como

esse vai deixá-la constantemente pensando qual é a dele e quem será a próxima. Ele é uma perda de tempo, então passe para outra.

- Se o cara tem filhos e você não faz o tipo maternal, esqueça! Você não vai ganhar nenhum ponto extra se cuidar de seus filhos no início do relacionamento e, depois de ganhar o cara, ignorar as criancinhas. Isso não é bem uma bandeira vermelha, mas um aviso para que você tenha certeza do que realmente quer.
- Se o cara não trabalha, dorme no sofá da casa de um amigo e pede o carro de outro emprestado quando precisa sair, talvez seja melhor não se envolver. Não tente salvar um homem. É ótimo ser uma alma bondosa e tentar dar às pessoas uma chance quando estão praticamente no fundo do poço, mas tenha cuidado com o que você atrai para sua vida. Evite pessoas que vão sugar toda a sua energia e deixá-la esgotada tanto mental quanto financeiramente. Você quer um parceiro para a vida toda, não um projeto de vida.

Reúna todas essas estratégias "quebra-gelo" e guarde-as com cuidado. Na próxima vez que se encontrar com o sr. Potencial, tire uma delas da cartola e vá em frente. Você sabe: não é preciso esperar que ele tome a iniciativa, mas lembre-se daquela linha tênue. Você pode quebrar o gelo, mas cabe a ele entender o recado e chamá-la para sair.

6
O encontro

Uma vez que vocês dois tenham gostado do que viram, é provável que marquem um encontro. Essas tentativas de "conhecer você melhor" podem parecer inofensivas — vocês vão conversar, comer, assistir a um espetáculo —, mas atenção: conversas com homens e comportamento em encontros são cercados de desafios e armadilhas. Como se deve lidar com os detalhes dos encontros? Quanto e quando deve ser revelado? Que assuntos pessoais devem ser rapidamente discutidos? Que outros devem ser guardados para sempre? Quando ele poderá conhecer os seus segredos mais profundos? Temos a resposta para tudo isso. E para ter certeza de que seu próximo encontro vai ser um sucesso, Matt e eu reunimos uma lista das principais orientações de um primeiro encontro que, se forem seguidas, farão com que haja segundos, terceiros e quartos.

Primeiro ato: o que fazer e o que não fazer num primeiro encontro

1. Não toque nesse telefone

Ele a convidou para sair. Vocês vão tomar uns drinques e depois jantar. Conversaram na quarta-feira e marcaram para sexta, às oito da noite, no seu restaurante preferido. Mas você não recebeu nada dele desde que marcaram o encontro. O que fazer? Mandar uma mensagem de texto, escrever um e-mail rápido, ligar ou simplesmente acreditar que ele vai se lembrar? Se escolheu a última opção, muito bem. Você não vai entrar em contato com ele para lembrá-lo do encontro de forma alguma. Vocês têm um encontro marcado. Ele não precisa que você faça as vezes de sua mãe, lembrando-lhe de pegar um casaco — ou sua garota — antes de sair. Seja confiante. Você sabe que é incrível, e ele não poderá se esquecer de que essa noite é *a* noite.

Além do mais, a maioria dos caras tem um ego enorme e poderá interpretar mal o seu contato. Ele pode pensar que você está completamente apaixonada e que será fácil levá-la para a cama. Nesse caso, ele não se esforçará tanto tentando impressioná-la, pois achará que o jogo já está ganho. Ou que você está desesperada, que não tem lá muitos encontros, e por isso essa noite é muito especial. Nesse caso, ele poderá se comportar como se estivesse lhe fazendo um favor, e pensar que você ficará feliz com qualquer coisa que ele fizer. Seja como for, isso vai fazer com que ele pense que tem as rédeas do relacionamento.

2. Vista-se de forma confortável

Não experimente pela primeira vez a roupa que você separou para o encontro com apenas dez minutos de antecedência. Faça pelo menos um *test-drive*. Você não quer correr o risco de ver seu zíper abrindo ao sentar-se num bar antes de ir jantar. E a última coisa que você quer é se vestir de forma exagerada, ou estar malvestida. Se você sabe que existe uma chance de darem um passeio depois de um café ao ar livre, saltos altos não são recomendáveis. Se pretendem ir ao boliche, nada de saias curtas. Lembre-se: se ele a chamou para sair é porque acha você gostosa, e não inteligente, legal e cheia de princípios. Ele vai sair com você para desejá-la durante toda a noite. Então dê o seu melhor. Volte ao capítulo dois para mais detalhes sobre vestuário.

3. Seja pontual

Organize-se de modo a estar pronta na hora e sem se apressar. Você não quer deixar o cara esperando na portaria do seu prédio ou num restaurante. Ele poderá pensar que o encontro não é uma prioridade para você ou que você vai ser uma namorada tão exigente que, se tudo der certo, ele vai viver esperando. Se vocês marcaram de se encontrar em algum lugar, não existe essa história de "atraso elegante". Isso pode ser bem-visto em festas ou eventos, mas não é nada legal deixar um cara esperando do lado de fora de um restaurante ou de um bar por 15 minutos. Como você se sentiria se, enquanto a esperava, ele começou a conversar com a linda atendente do bar que dividia o tempo entre o trabalho e a faculdade de direito, se apaixonou por ela e se casou? Tudo por conta dos 15 minutos de atraso. Acredite em mim, ele não está interessado em vê-la chegando atrasada, desfilando lindamente pelo bar, enquanto o drinque dele esquenta na mesa. Se marcaram uma hora específica, cumpra o combinado. Na verdade, chegue cinco minutos antes. Isso não é uma regra apenas para encontros, mas para a vida.

4. Não passe da porta

O momento chegou. O vestido curto de verão que você comprou ontem ficou lindo. Suas unhas estão perfeitas. Até mesmo o seu cabelo está bonito, apesar da umidade que paira no ar e que normalmente a deixa parecendo um *poodle* maluco. Tudo está indo bem. Ele não se atrasou. Quando ouve a campainha, você pensa: "Devo convidá-lo para entrar por educação?" A resposta: "Claro que não! Nunca deixe que ele passe da porta." Não é hora de fazer um *tour* pelo apartamento. Você deve começar e terminar na porta de casa o primeiro encontro. Não me importa se você gastou todo o seu dinheiro numa incrível TV de plasma, ou se está louca para apresentá-lo a Totó, seu querido chiuaua. Se ele veio buscá-la, tenha certeza de que sua bolsa, chaves e celular estão próximos da porta, para que, no momento em que ele tocar a campainha, você possa sair de casa sem problemas.

Se ele a trouxer em casa após o encontro, não o convide para entrar para um último drinque. Se o encontro tiver sido legal, haverá um segundo, e aí você poderá decidir se quer convidá-lo para entrar. Ele não precisa ver suas fotos de criança nem seu lindo apartamento com móveis da Tok & Stok. Deixá-lo na porta é perfeito. Como deixamos bem claro no capítulo três, no momento em que entra na sua casa, ele começa uma análise completa sobre você. Deixe que o mistério se desfaça aos poucos.

5. Não durmam juntos

Para uma mulher, o estágio inicial de um relacionamento é quando o cara demonstra desejo por ela. Nessa fase, as mulheres podem ter total controle da relação se negarem o sexo. Eu sei, eu sei, muitas de vocês devem estar dizendo: "Mas e se eu estiver a fim também?" Minha resposta é: você pode ceder rápido e passar uma noite maravilhosa, mas depois se preparar para ficar esperando o próximo cara, pois esse dificilmente voltará; ou você pode *esperar* um pouco e ter milhares de noites de sexo com esse que pode realmente se tornar "o cara".

Eis um ponto importante que toda mulher deveria entender: o laço que une um homem a uma mulher não é um sexo maravilhoso, mas um relacionamento afetivo que faça dela uma confidente, uma grande amiga e uma futura parceira. Se forem para a cama imediatamente, não terá havido tempo para estabelecer laços mais significativos. Quando se trata de desejo sexual, os homens são mais guiados pelos instintos do que as mulheres. No fundo, a grande maioria dos homens ainda quer correr pelas ruas da cidade e dormir com o maior número de mulheres possível num período de 24 horas. Se você aceita dormir com um deles em apenas três horas de encontro, quando ele estiver abotoando a calça para ir embora, de madrugada, já estará planejando a conquista seguinte. Assim, sua prioridade inicial é conhecer melhor o cara do outro lado da mesa, apresentando-se em doses homeopáticas, misteriosas e sexy. Ou seja, é quando se deve iniciar uma ligação afetiva. A ânsia por sexo irá mantê-lo por perto o suficiente para se criar o laço.

Segundo ato: a conversa

Muitas vezes ouvimos reclamações de mulheres que nos contam ser sempre as responsáveis por manter a conversa num primeiro encontro, enquanto os homens ficam lá, sentados, respondendo a perguntas. Soa familiar? Se sim, você se identificará com a próxima história.

Alguns anos atrás, uma jovem — vamos chamá-la Cátia — veio até nós buscando ajuda. Como sempre, começamos com uma consulta prévia, para termos certeza de que ela entendia o processo de busca de parceiros, e se estava de acordo com suas expectativas. Cátia tinha se mudado havia pouco para Nova York, vinda de Chicago, e estava achando difícil se encaixar no estilo dos encontros da cidade. Ela não tentara nada pela internet; preferia conhecer pessoas enquanto conhecia a nova cidade. Na verdade, o problema não era conseguir encontros, isso ela já havia tido muitos. Em seis meses na cidade, teve encontros em quase todos os fins de semana. Por isso, ficamos surpresos quando ela resolveu nos pagar para fazer o serviço. O problema, de acordo com ela, era que os caras nunca ligavam para um segundo encontro. Para descobrir mais sobre ela, Matt fez uma espécie de encenação para ver como ela se comportaria num segundo encontro. Cinco minutos após começar, Cátia havia feito tudo o que sempre pedimos que não fizessem. Nesse curto tempo, o cara já sabia tudo sobre seu histórico de encontros, do que ela gostava e do que não gostava. Percebemos que, mesmo dominando a arte de conhecer homens, tudo ia por água abaixo quando ela saía com eles.

Cátia sofria do que chamamos "síndrome da repórter". Ela basicamente fazia um interrogatório com os caras, que, claro, ficavam aterrorizados. Ela perguntava se eles queriam casar e ter filhos, e queria saber sobre relacionamentos passados, chegando ao ponto de perguntar com quantas pessoas eles já haviam transado. Nos primeiros cinco minutos, ela fazia perguntas próprias de um quinto encontro.

Quando o assunto é o que conversar no primeiro encontro, o segredo é ter calma. Não haja como uma bobinha, mas também não seja muito séria. Homens muitas vezes nos dizem ter a sensação de estarem sendo entrevistados, no estilo Marília Gabriela. Quando ouvi tal reclamação, percebi que fiz isso por anos. Eu pensava que estava sendo eficiente; não queria perder tempo, então procurava saber logo quem era o cara, o que queria e como fora sua vida até então — tudo no primeiro encontro. Eu era boa nisso (lembre-se de que sou jornalista); não deixava passar nada! Olhando para trás, vejo que assustei muitos homens, interrogando-os como uma agente do FBI no que antes eles pensavam ser um jantar legal com uma garota interessante. Não me admira que vários me olhassem com medo, já de início, antes mesmo de pedirmos o primeiro prato.

Para entender como deve ser uma conversa nessas ocasiões, continue sua leitura. Matt e eu montamos um guia para conversas de primeiro encontro à prova de bobagens, para que ninguém se sinta num programa de variedades ou num interrogatório policial.

O que não conversar

Vamos começar com uma lista dos assuntos que devem ser evitados, para evitar que o cara saia correndo antes do jantar.

Sexo: Muitas mulheres escrevem para o nosso site (www.sassybean.com) perguntando qual o melhor momento para contar a um homem com quantos caras elas já dormiram. A resposta: Nunca! Não importa quantas vezes ele repita essa pergunta e quanto revele da sua vida sexual, transas passadas não têm nada a ver com o seu relacionamento atual. Se ele insistir, use o silenciador. Pergunte por que está tão interessado. Ele está curioso para saber se sua performance será comparada com a de outros homens? Isso já é suficiente para terminar a conversa. Mas, se ele está preocupado com questões de saúde, diga que sexo seguro é imperativo em sua vida e se ofereça para fazer exames. Acho que esse não é o momento para tanta abertura. Se você responder de forma honesta, ele pode não gostar do que vai ouvir. Nenhum número é o adequado. Seja um ou cem, dá no mesmo, pois só vai fazer com que ele imagine você com outro homem, e isso eles não aguentam.

Casamento: Preciso mesmo discutir isso? Se ficar falando sobre casamento, ele vai pensar somente numa coisa: você está *desesperada*. E isso os homens são capazes de sentir a quilômetros de distância. É também o caminho mais fácil para brochar um cara. Para mantê-lo interessado, haja como um homem nesse assunto. Então, nem pensar em casamento. Quando estiver ao seu lado, aproveite o momento. Não converse sobre o futuro, nem mesmo sobre o dia seguinte. Assim, um dia, ele mesmo trará o assunto à tona e você saberá que já o tem nas mãos.

O passado: Lembre-se: suas relações passadas não têm nada a ver com o presente ou o futuro com esse novo cara. Deixe toda a bagagem de relações anteriores no achados e perdidos. Faça melhor: aplique todas as lições que aprendeu com os relacionamentos anteriores nesse novo. Não comece um novo relacionamento sendo cética, insensível ou pessimista. O cara lindo sentado ao seu lado no bar não quer saber o que você sentiu quando encontrou seu ex na cama com a sua irmã. Ele não ficará com pena de você. Se você tocar nesse assunto, ele vai vê-la como uma estranha (porque, nessa fase, ele realmente não a conhece, é o primeiro encontro). Esse tipo de conversa é desestimulante para os homens.

Ele vai fugir se você falar sobre...

- Terapia ou reabilitação de qualquer tipo
- Filhos: nem um pio sobre o assunto
- Amor: o conceito, o pensamento ou o que acarreta
- Separações: boas, más ou terríveis
- Suas amigas: ele não se interessa, acredite em mim
- Coisas que você odeia em seu corpo
- Cachorrinhos, gatinhos ou qualquer animal que pese menos de 10 quilos
- Signos
- Maquiagem, roupas, sapatos ou unhas
- Tudo o que estiver relacionado àquele período do mês

Ele vai ouvir se você falar sobre...

- Coisas que agradam às mulheres, mas sem revelar preferências pessoais
- Quanto tempo para si mesma você precisa. E tenha certeza de dizer que precisa de muito!
- Séries de televisão
- Coisas racionais e que tenham cara de pensamentos independentes

Regras de conversas

Quando se trata de conversas no primeiro encontro, eu tenho três regras simples.

Regra número 1: seja uma boa ouvinte

As mulheres não devem revelar muito sobre si mesmas muito cedo, mesmo que se sintam muito confortáveis num primeiro encontro. Homens não lidam bem com intimidades emocionais num relacionamento, muito menos no início. Então, nesse momento, menos é definitivamente mais. É triste, mas não importa a maturidade e o tipo de homem, nesse momento, eles normalmente estão interessados na sua aparência e se conseguirão algo ao levá-la para casa.

Homens também têm egos muito frágeis, então certifique-se de manter muito contato visual e, por favor, pergunte algo quando ele falar de si mesmo. Se deixar que tome conta da conversa, ele se sentirá importante e pensará que controla todo o encontro. Ao demonstrar interesse no que ele diz, você o deixará mais à vontade para mostrar como realmente é. Mas isso não significa que você deva se calar completamente. Ao mesmo tempo em que você não quer revelar a sua vida inteira ou interrogá-lo, também quer que a conversa flua. Não há nada pior do que pausas constrangedoras e silêncios sem sentido! Seja natural.

Regra número 2: seja misteriosa

Homens não gostam de ouvir histórias do seu ex-namorado, último *ficante* ou sobre a sessão de terapia do dia anterior. São muitas as mulheres que colocam tudo na mesa. Isso não apenas pode assustar o cara, como pode deixá-lo muito entediado. Pense na sua história de vida como uma temporada da "Família

Soprano". Se todos os personagens forem desvendados no primeiro episódio, qual seria a emoção de assisti-la até o final? Deixe que o cara se esforce para conhecer você. Lembre-se: homens gostam de desafios. Você pode começar a dividir seus pequenos segredos mais tarde. Ou quem sabe nunca!

Regra número 3: seja autêntica

Homens não buscam estereótipos. Não tente ser uma personagem de *Sex and the City*. A vida que essas mulheres levam — festas, transas casuais, dramas — é muito desestimulante aos olhos masculinos. Na verdade, eles gostam de encontrar alguns clichês masculinos nas mulheres. Preferem as não emotivas, mulheres que não levam a vida como se fosse um episódio de novela e que não estão todo o tempo em busca de autoafirmação. Não seja mais uma, seja única.

Terceiro ato: Olhe os modos, menina

Acredite se quiser: homens gostam de estar com mulheres que têm classe. Então procure estar na sua melhor forma e aja como uma dama desde o primeiro encontro. Eis algumas dicas do que fazer para ser mais elegante.

Dois drinques no máximo

A principal razão que leva um homem a convidar uma mulher para sair é ele estar terrivelmente atraído por ela. Se for como a maioria, ele vai querer dormir com você no primeiro encontro. Você sabe disso. Eu sei disso. E ele, com certeza, sabe disso. Ele não será totalmente leal, porque ele mal a conhece. Então, a menos que seja um santo, vai tentar de tudo para levá-la para a cama. E sua arma pode ser o álcool. Muitos caras, inclusive eu, combinaram com garçons para que continuassem servindo drinques às mulheres até a hora da sobremesa. Para ter certeza de que não vai ser agarrada no primeiro dia, não ultrapasse o limite de dois drinques. Simples assim. Eis duas razões para manter esse limite: (a) isso vai diferenciá-la das outras mulheres com as quais ele já saiu. Todo homem já saiu com uma mulher que bebeu demais e acabou indo para casa com ele e fazendo sexo selvagem. É excitante, sim, mas homens não se comprometem com essas garotas, porque, em suas cabeças, elas são classificadas como fáceis. E a verdade é que homens não querem apresentar as garotas fáceis para mamãe e papai. (Eu sei que são dois pesos e duas medidas, já que todos os homens são fáceis e não percebem, mas, gostando ou não, é assim que a nossa cabeça funciona.); e (b) um cara não quer um parceiro de bebida. Se você começar a beber na mesma velocidade que ele, não fique surpresa se receber tapinhas nas costas e vocês começarem a conversar sobre a loira do outro lado do bar.

Sob medida

Restaurantes são os lugares mais comuns para encontros. Um jantar de primeiro encontro tem suas próprias armadilhas. Nada pior do que um pedaço de alface nos dentes para destruir uma semana de preparativos. Eis uma lista de comidas para se evitar nessa ocasião.

➤ **Sushi:** eles não podem ser cortados em pedacinhos menores para parecerem delicados, então não se dê ao trabalho.

➤ **Sopa:** não pega nada bem ficar sugando o caldo ao mesmo tempo que lança aquele olhar para o cara.

➤ **Pão:** não importa quão pequeno você corte o pão, ele vai ficar preso nos seus dentes. E pode deixá-la empanturrada. Evite pão no primeiro encontro.

➤ **Alho:** mesmo que tenha um estoque de balas de menta, alho não é um bom tempero para essa ocasião.

➤ **Espaguete:** é escorregadio, e você não quer ficar equilibrando coisas molengas em seu garfo, morrendo de medo de que tudo aquilo caia antes de chegar à sua boca.

➤ **Acompanhamentos:** esqueça a dieta da moda na hora do primeiro encontro. Ele não vai gostar nada de ter que esperar enquanto você tenta convencer a garçonete a não colocar esse ou aquele ingrediente no seu prato, ou pede ao garçom que leve um prato de volta porque você sentiu uma pitada de manteiga. Se isso acontecer, ele vai imaginar que você tem um sério problema de peso ou um sério problema mental. Tente pedir o que está escrito no cardápio e, se vier algo de que você não gosta, tente não reclamar. Desestimula o cara, e ele pode levar isso para o lado pessoal, especialmente se a escolha do restaurante tiver sido dele.

Desligue o celular

Sim, todas temos celulares porque queremos estar conectadas com o mundo, mas, nas poucas horas que você estiver tendo um primeiro encontro, o melhor é deixá-los dentro da bolsa, no modo vibratório. Nada é pior do que atender ao celular nesse momento. Se for uma emergência do trabalho, peça desculpas rapidamente e atenda. Mas depois deixe claro que foi uma chamada de trabalho, não de um cara com quem você também está saindo. Mensagens de texto também são um tabu em qualquer encontro, não apenas no primeiro. Ele não quer ficar olhando para a sua cabeça enquanto você digita uma mensagem no celular apoiado no colo. Se por acaso o encontro for um desastre e você tiver de enviar uma mensagem de socorro a uma amiga, para que ela faça uma "chamada de emergência", vá ao banheiro e mande a mensagem de lá.

Deixe seus amigos em casa

Matt e eu tivemos uma cliente que estava atrás de um marido. Resolvemos chamá-la de srta. Social, pois era uma pessoa que saía sempre, mas que por alguma razão nunca encontrava o cara certo. Era bonita, jovem e por dentro do meio social da cidade. Após algumas semanas, combinamos um primeiro encontro dela com um inglês bem bonito. Chamamos esse cara de Big Ben. Ele era bonito, alto, cavalheiro e tão bem entrosado socialmente quanto ela. Acreditávamos que os dois formariam o casal perfeito. O local do encontro foi decidido: se encontrariam num bar na cobertura de um prédio de Manhattan.

Quando chega a hora de receber retornos de nossos clientes após os seus primeiros encontros, as reações masculinas e femininas são sempre diferentes. As mulheres normalmente ligam ao chegar em casa, ou mesmo no caminho de volta, após terminado o encontro. Mas os homens... bom, eles podem demorar dias para ligar, isso quando ligam e nos contam alguma coisa do que se passou. Em geral, conseguimos informações pelas mulheres. Mas dessa vez foi diferente. Duas horas após o encontro, Big Ben nos telefonou. Quando vi seu nome no visor do aparelho, imaginei que contaria que estava completamente apaixonado. Por que outro motivo ele ligaria? Talvez ainda estivessem juntos e quisessem nos agradecer. "Olá! Que tal o encontro?", perguntei. Mas o tom da resposta de Big Ben denunciou que algo estava errado: "Hoje era o especial três por um ou sou apenas um cara de sorte?" Confusa, perguntei: "Como assim? Ela bebeu demais?" Big Ben respondeu: "Não, na verdade ela tomou apenas um drinque, mas as duas amigas que ela convidou tomaram todas. Gastei uma grana no bar com mulheres que não conheço e não tenho interesse em conhecer." Fiquei completamente chocada. A srta. Social era realmente muito popular, mas eu não poderia imaginar que levaria meia cidade ao encontro. Quando lhe perguntei por que diabos tinha feito isso, ela disse que pensou que poderia ser divertido para Big Ben conhecer suas amigas, e quanto mais melhor, não? Não. Isso não se aplica a primeiros encontros. Homens não estão interessados em pagar drinques às suas amigas quando a convidam para sair. Eles querem conhecer você, então dê a oportunidade para que façam apenas isso.

Gran Finale

Eis algumas dicas de como ter certeza de que seu encontro está terminando bem.

Seja a primeira a dizer boa-noite

O jantar foi tão bom que ele a chamou para esticar num bar maravilhoso, onde poderiam dividir um suflê de chocolate, a sobremesa mais sexy para os homens. O encontro não poderia ter sido melhor. Na verdade, ultrapassou suas expectativas. Então, o que dizer ao convite dele? A resposta é simples: diga delicadamente que não, agradeça o jantar e prometa um novo encontro, outro dia. Não dê nenhuma explicação. No começo, você deve evitar de todas as formas ser um livro aberto. Sei que isso soa estúpido, negar um convite para dividir uma sobremesa com um cara com quem você acabou de ter um jantar maravilhoso, mas o melhor a fazer é criar certo mistério. Para que correr o risco de dizer uma besteira e fazê-lo perder o interesse? Termine o encontro quando você estiver ganhando o jogo e deixe-o querendo mais.

Nada de beijo, mas você pode tocá-lo

Foi um ótimo encontro. Ele chegou a tomar o mesmo táxi só para ter certeza de que você chegaria bem em casa, sem intenção de subir para o seu apartamento. Quando saiu do táxi, seu coração estava pulando, você estava louca por ele, mas se dormissem juntos naquela noite, você poderia nunca mais encontrá-lo. Então, o que fazer? Certifique-se de agradecer novamente pelo jantar e pela noite maravilhosa. Olhe diretamente nos olhos dele e não se aproxime mais do que a distância de um abraço. Ao despedir-se, estenda sua mão. Quando ele estender a dele, puxe-o para perto e sussurre em seu ouvido (com os lábios na bochecha dele): "Você é o cara mais sexy com quem saí esta semana." Sorria, dê as costas e vá para a sua casa. Isso significará duas coisas. Primeira: fará o cara sentir que outros estão interessados em você. Isso quer dizer que você é disputada e ele terá de competir para tê-la por inteiro. Segundo: isso poderá bater fundo no seu ego, mas o deixará na linha por ser "melhor do que os outros, mas não tão bom para um beijo... ainda".

Nada de planos futuros

Como eu disse antes, não fale nada sobre entrar em contato no futuro. Não diga: "Vamos nos ver", "até a próxima", "me mande um e-mail" ou "adoraria te ver de novo". Essas frases são dele. Lembre-se: pense apenas no presente. Deixe que ele comece a pensar em planos futuros. Diga "boa noite, me diverti muito" e vá para casa.

Fim

O PRIMEIRO encontro é a sua oportunidade de demonstrar quanto você é especial. Não há necessidade de ficar nervosa. É hora de brilhar. Mas lembre-se: você não está só dando um show, também tem conteúdo! Mostre o melhor de si, e garantimos que ele vai ficar querendo mais!

7
Guia de sobrevivência a um encontro desastroso

NEM TODOS os encontros são perfeitos. Na verdade, coisas horríveis podem acontecer no mundo dos solteiros. E embora talvez não tenham nada a ver com você, será preciso lidar com elas pelo menos naquela noite. Depois de tudo o que ouvimos dos nossos clientes durante anos, pudemos montar este guia de como lidar com situações desastrosas. Com sorte, você nunca terá de passar por isso. Mas, se o desastre acontecer, em vez de sair ofendida do restaurante e passar uma semana chorando no sofá ou pedir apoio para suas amigas, siga nossas dicas.

Encontro desastroso número 1: ele não aparece

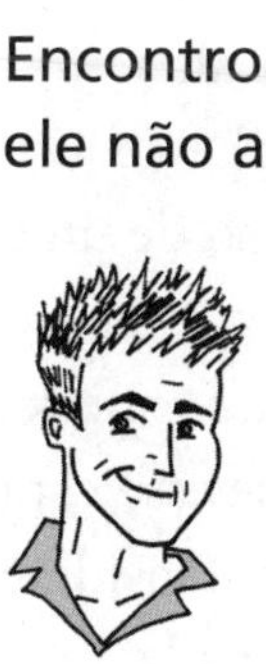

SEU CABELO está perfeito, suas unhas estão brilhando e sua calça fechou sem problemas. Você não poderia estar ou se sentir melhor. Depois de se olhar no espelho várias vezes sem acreditar que está tão linda, você olha as horas e sente um frio na barriga. Você pensa: "Ele disse às oito, certo?" Fica em dúvida e confirma no e-mail: "Sim, oito horas." Mas então por que são 20h20 e nada dele?... Então você começa um diálogo neurótico consigo mesma...

"Meu Deus, isso não está acontecendo. Não estou levando um bolo. Claro que não! O trânsito a essa hora deve estar horrível. Ele deve estar atrasado. Vou relaxar e ficar paradinha para que nada saia do lugar até ele chegar. Certo, que horas são? 20h26. Poxa, se ele está tão atrasado, por que não me ligou para dizer o que está acontecendo? Calma aí, vai ver ele prefere não ligar para dizer que está chegando. Também, por que deveria? Ele mal me conhece. Nem estamos dormindo juntos. Talvez eu pudesse ligar para ver o que está acontecendo. Não, não vou ligar. Isso seria patético e desesperado! Que horas são agora? 20h40! Certo, agora estou realmente me sentindo mal! Tudo bem, vou ligar para a Estefânia e perguntar o que ela acha... Ela não atende. Droga, me sinto a maior idiota do mundo!"

Você continua essa conversa louca consigo mesma até 21h15, quando oficialmente aceita que ele não vai aparecer.

O primeiro passo deve ser apagar todos os e-mails e contatos dele, porque ele passou dos limites. Não há desculpa justificável para deixar alguém esperando. Veja bem, o mundo não é perfeito. Coisas acontecem e planos são alterados. Então, não tem o menor problema ligar para remarcar um encontro. Mesmo que seja em cima da hora, no caso de uma emergência. Mas não ter a menor consideração com o tempo e os sentimentos de outra pessoa é um completo desrespeito. É bem provável que isso seja apenas um sinal de que esse cara tem muitos outros problemas. ESQUEÇA-O! E *não* considere como algo pessoal. Ele não ter aparecido não tem nada a ver com algo que você fez; é problema dele!

Encontro desastroso número 2: ele traz os amigos

Vocês se conhecem pela internet e, depois de alguns encontros virtuais, resolvem se encontrar pessoalmente. Ele parece maduro, e seu perfil é perfeitamente aceitável. Interesses: esportes, sair com amigos, explorar a cidade, viajar. "Perfeito", você pensa, "talvez a gente combine um com o outro". Marcam para as 20h, e você decide chegar na hora certa porque os atrasos estão fora de moda. Mas, quando chega ao bar, não vê nenhum homem sozinho, então se senta e pede uma taça de vinho. Finge brincar com o telefone, até que alguém cutuca o seu ombro: "Oi, nós estamos ali." Você está confusa. Reconhece seu rosto, é o cara da internet, mas o que ele quis dizer com "nós"? Ao olhar para o lado, você vê dois caras sentados à mesa dele e percebe que o cara convidou os amigos. E agora?

Ainda que existam muitos homens maduros, vários dos que estão dispostos a encontros ainda têm cabeça de menino. Lembre-se: homens podem ser muito inseguros e buscam a aprovação dos amigos. Para uma mulher, pode ser ofensivo e frustrante encontrar um bando de amigos num primeiro encontro, mas tente entender que ele talvez tenha medo de não conseguir levar uma conversa adiante sem ajuda de outras pessoas. Homens também podem ficar mais descontraídos quando estão perto de amigos. Nesse momento, muitas mulheres ficam incomodadas, e algumas até dizem: "Achei que isso fosse um encontro." Tente levar na esportiva (no primeiro encontro) e espere por uma outra ocasião para ver se ele consegue ficar a dois com uma mulher. Sem hesitar, diga: "Meu Deus, não vi vocês ali. Vou pegar meu drinque." Aja naturalmente, não demonstre nervosismo.

Ao chegar à mesa, sorria, diga "oi" a cada um deles e faça de conta que você tem três encontros marcados para a mesma noite. Nesse caso, você não tem obrigação de se direcionar inteiramente ao tal cara da internet, mesmo se quiser. Se ele estiver fazendo um teste para ver como você se sairia com seus amigos, você acabou de ser aprovada. Não demonstre raiva, impaciência, desânimo ou irritação. Aproveite o momento, mesmo se, no fundo, estiver decepcionada. O pior que pode acontecer é você aproveitar um ótimo jantar e (possivelmente) boa companhia, ou descobrir um sapo no meio dos príncipes da internet. No final da noite, saia sozinha e diga a todos que se divertiu. Se ele for um homem de verdade, vai ligar de novo, e dessa vez vai querer sair sozinho com você. Se você vai aceitar ou não, a escolha é sua. Você deve tentar dar uma nova chance ao cara. Esse não é o caso de desistir, embora possa ser uma noite frustrante. Ironicamente, talvez essa tenha sido uma forma encontrada por ele para mostrar sua personalidade ao lado dos amigos. Mas atenção: se o encontro número dois também vier com acompanhamento, não deve haver um terceiro.

Encontro desastroso número 3: ele diz que esqueceu a carteira

O RESTAURANTE que ele escolheu é perfeito, principalmente porque você não sabia nem que iam jantar. Quando vocês marcaram o encontro, seria apenas para tomar um drinque, mas a comida cheirava tão bem que resolveram jantar. Ele é divertido, comunicativo, melhor do que qualquer outro cara com quem você saiu nos últimos tempos. Até que chega a conta. Se você faz muita questão, nem que seja por obrigação moral, pegue sua bolsa como quem diz "sou uma mulher independente e não quero tudo de graça...". Mas, no momento em que pega a bolsa, você não ouve o tradicional "não, por favor, é um prazer". Ao contrário, ele diz: "Obrigado. Sabe, esqueci minha carteira."

Esse é um golpe duro para a mulher moderna e independente. Por um lado, você não age como se esperasse que ele fosse pagar, mas, por outro, esse é um *primeiro* encontro, *ele* a chamou para sair e, francamente, você nem planejava jantar. Mas fazer o quê, você paga a conta e ele fica ali, sentado, como se não houvesse nada errado. Mas há algo errado, e não tem nada a ver com você ter um rombo na carteira, mas com a atitude dele de pouco se importar com você tê-lo levado para jantar. Homens não esquecem suas carteiras. E, se por acaso isso acontece, eles tentam dar um jeito, ligam para um amigo, combinam com o garçom de trazer o dinheiro depois, ou lhe pagam assim que você chega em casa. Se um cara pensa que pode aproveitar sua companhia durante um jantar e depois pular a parte da conta, está muito enganado. Em casos como esse, você não tem outra opção além de pagar e tentar agir com classe. Se ele a estiver testando, você não vai querer ver esse sacana outra vez. Se ele não tinha dinheiro, não deveria tê-la convidado ou deveria ter planejado algo mais barato. Desculpe se isso soa cruel, mas se você paga a conta nesse momento, espere por prejuízos maiores no futuro.

Um pequeno comentário sobre o assunto. As mulheres podem e devem esperar que os homens paguem as contas, não há nada de errado nisso. Na verdade, digo a todos os homens que envio para encontros com minhas clientes que sempre devem pagar a conta. Sem exceções. Mas conheço muitos que consideram um insulto mulheres que ficam paradas e não fazem a mínima menção de pagar. Na minha opinião, esses caras não são homens de verdade, mas eles existem e você tem de saber como lidar com eles. Se você sai com um cara e percebe que ele está incomodado por ter que pagar a conta, fique tranquila: isso poupa tempo de possíveis futuros encontros. Homens devem pagar a conta, pelo menos nas primeiras saídas. Afinal, quanto dinheiro você gastou no cabeleireiro, com maquiagem, roupa e depilação?

Encontro desastroso número 4: você dá de cara com seu ex-namorado, acompanhado de outra

Faz exatamente seis meses que o sr. Ex arrancou o seu coração, e você se sentiu como se nunca mais pudesse se apaixonar novamente. Após um longo verão assistindo a reprises de *Sex and the City* e chorando sempre que o Mr. Big magoava a Carrie, você finalmente toma coragem para aceitar sair com um cara que já conhecia e que já a tinha convidado para jantar, mas você não conseguia nem pensar em outro homem sem cair no choro por causa do seu ex. Suas amigas estão cansadas de ouvir seus lamentos e finalmente resolvem intervir com sorvetes e filmes românticos. Com isso, você percebe que já está na hora de ver o mundo.

Quando chega a hora do encontro, você finalmente percebe que ele é bem bonitinho. Tem um visual meio europeu, e você sempre teve uma queda por caras de cabelos negros e olhos azuis... talvez a noite não seja tão ruim. Ele a chama para um novo restaurante que está louco para conhecer, e no qual fez reserva com uma semana de antecedência. Seu primeiro pensamento é: "meu ex-namorado nunca se preocupou com reserva de nada", e você fica animada com o encontro. Ao sair do carro, ele vem abrir a porta — um perfeito cavalheiro —, mas, assim que você entra no restaurante, dá de cara com seu ex... que está saindo na mesma hora com a nova namorada. O que fazer?

Seu coração acelera, você tem vontade de vomitar o que não comeu, mas ainda assim deve agir como se tudo estivesse sob controle. Essa é uma das situações mais difíceis pelas quais passará. Deve dizer "oi", estender a mão à sua namorada e *imediatamente* apresentar o seu acompanhante. Não fique lá parada com lágrimas nos olhos. Não vá andando até "acidentalmente" esbarrar nela. Não finja que não os viu. Depois de cumprimentar, siga em frente. Não há necessidade de papo-furado, de perguntar de onde ela é ou, pior, de falar algo de que vai se arrepender depois. Aja como se ele fosse um amigo e não conte ao seu novo acompanhante que aquele é o cara por quem você se trancou em casa por seis meses. Se conseguir levar isso tudo com classe e coragem, sua noite será ótima.

Talvez você queira chorar, mas respire fundo, pense em como você é maravilhosa por ter agido assim, e no que seu ex-namorado está perdendo.

Encontro desastroso número 5: a ex-namorada dele trabalha no bar

Você não é muito chegada a bares, mas concordou em encontrá-lo no lugar aonde ele sempre vai. Veste um jeans e uma camiseta transada para dar um ar de quem se importa mas não muito com a ocasião. Ao chegar, você percebe que o lugar é mais moderninho do que imaginava. Definitivamente, não parece "o lugarzinho de sempre"; é, inclusive, um lugar bem pretensioso. As garçonetes que trabalham lá estão de blusinhas cortadas, a música é estridente e não dá para conversar direito. Ainda assim, você decide manter o bom humor. Afinal, ele conheceu você numa cafeteria e parece estar interessado.

Ao chegar, logo percebe que ele está incomodado com alguma coisa, mas, como você não está atrasada, deve ser por outra razão. Você senta ao seu lado e sorri, como quem diz "não se preocupe, não sou o tipo de garota que o deixaria esperando". Mas algo está errado. Não demora muito e você percebe que ele adora esse lugar porque sua ex-namorada, por quem era loucamente apaixonado, é uma das garçonetes arrogantes. Ele mesmo trata de contar isso a você num tom amargo após pedir seu drinque. Ele só a chamou lá para montar uma cena de ciúme! Você se sente lisonjeada? É um elogio ser convidada para provocar ciúme em outra pessoa? Ou você está com raiva por estar perdendo tempo?

Nessas situações, é natural sentir tudo isso. O melhor a fazer é manter a linha e aceitar o drinque. Seja simpática, não encare a mulher ou ignore o cara. É realmente uma situação desconfortável, mas ainda assim é possível aproveitar o momento. Tente ser compreensiva, todos já passamos por isso. Infelizmente, nesse momento, você é o objeto usado para provocar ciúme em outra pessoa — e justamente quando pensava que poderia passar uma noite agradável com um cara legal. Melhor conselho: termine seu drinque, agradeça e diga que tem de acordar cedo no dia seguinte. Pode parecer meio ríspido ir embora com 15 minutos de encontro, mas ele teve sorte por você ter ficado tanto tempo. Isso não deveria requerer mais informações, mas, se ele pedir, seja franca e diga que gostaria de vê-lo novamente (caso realmente queira, claro). Mas da próxima vez *você* escolhe o local.

Encontro desastroso número 6: no meio do jantar, ele começa a chorar por causa da ex-namorada que deu um fora nele

Você tenta se esquecer de todos os caras lindos com quem já saiu e se dedica a encontrar alguém com conteúdo, com profundidade e inteligência. Por isso, quando Sílvio, um editor que frequenta a mesma aula de culinária japonesa que você, a convida para jantar, você aceita e espera ter finalmente um encontro com um cara que tem mais sentimentos do que músculos. Você não sabe muito sobre ele, exceto que não tem nada a ver com aqueles caras lindos e sem cérebro com os quais você já perdeu um bom tempo. Ele é educado, sério e parece gostar de arte — o que é incrível; talvez você nunca tenha imaginado que encontraria um homem assim.

Vocês marcam num restaurante transado do seu bairro. Quando chega, ele está esperando numa mesa com um ótimo vinho francês. No meio de uma explicação sobre a origem do vinho, você fica fascinada por estar ao lado de um cara assim, educado e culto — ao contrário daqueles idiotas bonitões que falam como se estivessem na escola.

Mas, de repente, você se percebe ouvindo palavras como *ex-namorada*, *férias românticas*, *corações partidos* e *ainda apaixonado*. Fica perdida, tentando entender o que ele está dizendo. Sílvio realmente acabou de dizer que o tal vinho o fez lembrar de uma viagem que fez com a ex à França, quando ela partiu seu coração? Além disso, parece que disse que ainda está apaixonado por ela. E então ele esconde o rosto com as mãos e começa a chorar como uma criança.

Obviamente, você tem de se convencer de que não se trata de um filme ou um sonho. É tudo verdade, ele é real, homens assim existem. A essa altura, todo o interesse, toda a atração e o sentimento que você tinha por ele foram embora. Então é fácil: seja gentil e o ajude a superar tudo isso. Tente explicar-lhe que ainda não é hora de ele sair com outras pessoas, que antes ele precisa se recuperar. Diga que será sua amiga e que existem muitas garotas legais por aí. Você, por outro lado, precisa ir a um barzinho com suas amigas e encontrar um cara inteligente. Sim, eles existem. Tenha paciência.

Encontro desastroso número 7: ele diz que não imaginava que você fosse tão velha

O QUE VOU contar agora é uma história real, os nomes foram trocados para proteger a pobre moça e o idiota. Michelle, 43 anos, era coordenadora de um escritório de advocacia. Era uma mulher normal, nem feia nem bonita, mas que não tinha sorte com os encontros amorosos de Nova York. Ela pediu nossos serviços porque não tinha mais paciência para procurar "o cara". Dizia querer apenas "um cara normal", mais ou menos da sua idade e aberto a um relacionamento sério. Foi bom ouvir uma mulher tão realista em relação às suas expectativas. Assim, comecei o processo de seleção. Escolhi David, um advogado de 42 anos. Senti que ele era um ótimo parceiro para Michelle, porque os dois eram muito parecidos. Ele era normal, nem feio nem bonito, buscava uma mulher entre 35 e 42 anos e se dizia cansado de meninas de 20 anos que não sabiam o que queriam. Ele dizia procurar uma mulher mais madura com quem poderia ter uma conversa que valesse a pena. Quando lhe contei sobre Michelle, ele se mostrou bastante interessado. Perguntou-me quantos anos ela tinha, e eu disse que era mais ou menos da idade dele, mas não estava com a ficha de Michelle no momento. Lembrei-lhe de que procurava uma mulher com conteúdo e não uma jovenzinha bonitinha. David concordou com o encontro.

Ainda lembro do meu BlackBerry tocando às 20h20. Era Michelle; e, pela hora, logo imaginei que o encontro tinha sido um desastre. A voz do outro lado parecia tentar controlar a raiva. Sua primeira frase foi: "Matt, você está entendendo que eu te paguei para me encontrar com um cara que me olhou nos olhos e disse que eu era muito velha para ele? O mesmo cara que depois apontou para um senhor de pelo menos 60 anos e disse que era com um cara como aquele que eu deveria me encontrar? E depois se levantou, jogou umas notas de vinte dólares e foi embora?!" Essa deve ter sido uma das primeiras vezes na minha vida que fiquei sem saber o que falar. O que dizer numa hora dessas? Ela então me espinafrou por ter escolhido David.

Eu pedi desculpas e disse que não sabia como um homem podia tratar uma mulher com tamanho desrespeito. Disse que ela seria membro do Pequeno Livro Negro de Matt para sempre. Seis meses depois, após muitos *bons* encontros, Michelle foi morar com um cara que apresentei a ela. Estou esperando o convite de casamento.

Se você passar por uma situação como essa, nem preciso dizer que é o fim, não é? Não há razão para ser educada, para pensar nos sentimentos desse cara. E não existe qualquer desculpa para isso. Levante-se, vá embora e siga em frente. Qualquer segundo pensando nisso será tempo perdido. Pode ser mais fácil falar do que fazer, mas acredite em mim, não vale a pena gastar lágrimas em casos como esse.

Encontro desastroso número 8: ele fica bêbado e age como um idiota

ELE NÃO PARA de beber e, quando você se dá conta, já está completamente bêbado. Isso tudo porque, após dois encontros ótimos, você o convidou para jantar na casa de amigos. Como isso pôde acontecer?

O que fazer? Por um lado, você pode se apoiar na teoria de que garotos serão sempre garotos. Por outro, você não quer um garoto, quer um homem. Se ele passou do ponto, é hora de levá-lo para casa (dele) e deixá-lo por lá. Sei que você não quer ouvir isso, mas acredito que o melhor é impor os limites de uma relação logo no início. Ficar bêbado e agir como um idiota na frente dos seus amigos é um desastre. Beber demais é uma coisa, mas empurrar sua amiga na frente do noivo dela é outra bem diferente.

Encontro desastroso número 9: ele não para de falar sobre sexo

NÃO HÁ NADA de errado em perceber que ele quer arrancar a sua roupa, mas, quando o cara não consegue falar de outra coisa, o que seria excitante acaba ficando desagradável. Você está com uma blusa que aumenta seus seios e, ao entrar no bar cheio e barulhento, logo encontra o cara. Ele é até mais bonito sem as roupas de ginástica, e você mentalmente se elogia por estar tão bem. Você se senta, e o primeiro *round* de perguntas começa: então, de onde você é? Tem irmãos? Há quanto tempo trabalha nisso?

Depois dos típicos *ohs* e *ahs*, a conversa toma outro rumo e o jogo esquenta. Ele pergunta: "Você já fez sexo em local público?" Assustada, você tenta dar um sorriso e não responde, imaginando se ele está falando a sério ou brincando. Mas logo percebe que sim, ele fala a sério, e devolve a pergunta: "E você?" Ele responde que sim e segue com o questionário. O que você faz? Entra no clima da conversa para não parecer pudica ou diz que se sente ofendida e vai embora? Você precisa dizer a ele, de forma educada, que não tem problemas em falar sobre sexo, mas que não se sente à vontade de conversar sobre isso antes mesmo de saber com que ele trabalha. Você pode manter a classe e mudar de assunto, mas, se ele insistir, segure firme no seu braço e diga: "Você vai descobrir tudo quando chegar a hora." Se ele entender, talvez haja possibilidade de um novo encontro. Se não, e fantasias sexuais continuarem saindo de sua boca, talvez seja o momento de terminar o drinque e ir embora. Ele está claramente interessado em apenas uma coisa, algo que não vai conseguir de você logo no primeiro encontro.

Encontro desastroso número 10: ele admite que é casado

NESSE CASO, vou contar uma experiência própria. Estava na minha saga por um parceiro, e por isso ia sempre feliz para um almoço ou jantar com um cara só para tentar entender que tipo de homem eu estava procurando. Já estava com a minha lista de "o que eu quero num cara" quase perfeita. Mas, infelizmente, não estava nada preparada para o que viria a seguir. Eu estava cobrindo um evento político como repórter, e o cantor de uma banda de salsa que tocava no local não parava de me olhar. Ele não era exatamente bonito, mas charmoso e muito divertido. Porém, eu estava trabalhando e não tinha tempo para alguém que tentava me conquistar na frente das câmeras. Quando a banda fez um intervalo, ele se aproximou e se apresentou, dando um cartão para mim. "Então você é advogado?", perguntei. "Sou", respondeu ele, "eu adoro cantar, mas como não posso pagar minhas contas cantando, sou advogado durante o dia e canto à noite". Fiquei impressionada, coloquei o cartão na minha bolsa e não pensei muito sobre o assunto. Dois dias depois, quando a assistente dele me ligou, fiquei chocada. Eu não tinha dado meu telefone, mas ele deve ter visto onde eu trabalhava e tomou a iniciativa de me procurar (ou pelo menos de pedir à sua secretária). Ele me convidou para almoçar na semana seguinte e eu aceitei, mesmo sem muita expectativa do que poderia acontecer.

Alguns dias antes do encontro, ele deixou o endereço do restaurante na minha secretária eletrônica. Eu conhecia o lugar, mas não muito, já que ficava num local um pouco afastado e meio esquisito. Nós nos encontramos na semana seguinte.

Ele reservou uma mesa no final do restaurante, bem no fundo, e o lugar estava vazio. Ele foi um cavalheiro. Pediu um drinque, e começamos a conversar. Quando, meia hora depois, falamos sobre família, ele abriu a carteira e me mostrou duas fotos de lindas meninas: "Sobrinhas?", perguntei. "Não, são minhas filhas", respondeu ele. Tentei não demonstrar surpresa e disse: "Elas se parecem com sua ex-mulher?" E o que veio a seguir me pegou completamente desprevenida. Muito casualmente, ele comentou: "Não sou divorciado. Eu e minha mulher saímos com outras pessoas. Minhas filhas é que são minha vida. Minha lealdade se deve a elas. Por isso nunca deixei minha mulher."

Normalmente, falo muito, mas dessa vez fiquei sem palavras. Sem dizer mais nada, terminei de comer. Quando ele mencionou a sobremesa, eu disse: "Enquanto você é leal a suas filhas, eu prefiro ser leal à sua esposa." Então peguei a minha bolsa e saí do restaurante enquanto ele me chamava. Ele me ligou umas vinte vezes nas duas semanas seguintes. Nunca atendi.

Espero que, ao contar a minha experiência, tenha oferecido a vocês uma ideia de como lidar com caras casados que pensam estar livres para jogar no campo dos solteiros. Você não precisa manter a classe na hora de sumir da frente desse cara, o importante é sumir! Se estiverem num local público, saia. Se estiverem na sua casa, peça que ele saia. Caso ele volte a ligar, não atenda. Se se sentir mal, peça ajuda a uma amiga. Caras assim são um problema. Não deixe que um encontro desastroso se transforme numa vida desastrosa.

É impossível sair da terra dos solteiros sem um arranhão. Mas essas estratégias de sobrevivência em encontros vão garantir que você saia com sua dignidade e respeito próprio intactos.

Sabendo lidar com quase todos os problemas que poderão surgir num encontro, você também ficará muito mais confortável e confiante durante a procura pelo homem ideal. Então, fique de cabeça erguida e espere pelo melhor. Mas lembre-se: caso acabe sentada a uma mesa ao lado do pior homem da sua vida, você também saberá o que fazer.

TELEFONE

8
Por que ele não ligou?

Você acaba de fechar a porta, o encontro terminou. Foi perfeito, tudo saiu como você imaginou. Os olhos do cara saltaram quando a viram chegar. O restaurante que ele escolheu foi perfeito, e a conversa fluiu bem. Ele se portou como um cavalheiro e parecia ainda mais bonitinho do que quando você o conheceu no parque. Você tira os sapatos, confere a secretária eletrônica e começa a pensar na ótima noite que tiveram. Muitas vezes, os encontros podem ser deprimentes, mas não é esse o caso. Você está nas nuvens, e já mal pode esperar pela ligação dele... afinal, ele disse que ligaria.

Na verdade, quando o encontro terminou, ele apertou sua mão, deu um beijo inocente na sua bochecha e disse: "Eu te ligo." Mas agora já passaram dois dias do "encontro perfeito" e as únicas mensagens em sua secretária eletrônica eram da sua mãe e do seu dentista, confirmando a próxima consulta. Você não consegue se concentrar no trabalho, a comida parece não ter gosto e seu programa preferido na televisão parece mais chato do que nunca. Você se sente ansiosa e, pela milésima vez, pensa: "Por que ele não ligou?"

Homens não voltam a ligar por várias razões. Nem todas são boas, mas às vezes é uma combinação delas. Neste capítulo, vamos fazer uma lista dessas razões e oferecer algumas que a farão sentir-se aliviada por ele não ter ligado. Depois, daremos soluções e sugestões sobre como conseguir que o cara ligue para você.

Ele não ligou porque...

EIS ALGUMAS razões para ele não ter pegado o telefone e discado o seu número.

Você não é sua prioridade

Você deve estar familiarizada com os pensamentos e as expectativas de uma mulher depois de um encontro considerado perfeito. Agora, veja o que se passa na cabeça de um homem que estava no mesmo encontro. Vamos chamá-lo de "Diogo". O telefone de Diogo está tocando, ele entra em casa e acende a luz. Atende ao telefone; é o seu melhor amigo:

Amigo: *"E aí, Diogo, vocês transaram?"*

Diogo: *"Não, cara, ela não é assim..."*

Amigo: *"Qual é, cara, você não conseguiria transar nem num necrotério..."*

Diogo: *"Cara, ela é uma garota legal! Tem um corpo lindo e é muito inteligente, não vai ceder tão fácil."*

Amigo: *"Vocês vão se encontrar de novo?"*

Diogo: *"Calma, acabei de chegar em casa. Nem pensei sobre isso. Talvez ligue para ela na semana que vem. Mas, você sabe, eu tenho coisas a resolver com Caroline, a Louca, além de um mal-entendido com a Débora e duas apresentações marcadas para esta semana. Mas com aquela bunda maravilhosa e aquele sorriso lindo, vou fazer de tudo para ter essa garota."*

Amigo: *"Então, tá. Você sabe como terminou o jogo?"*

Repare que a conversa sobre o encontro terminou tão rápido quanto começou, e eles logo mudaram de assunto. O único ponto a que devemos prestar atenção nesse papo aparentemente bobo é que, ainda que tenha se divertido no encontro e considerado a menina "muito legal", ele não foi correndo para casa nem começou a analisar imediatamente o que tinha acontecido. E certamente também não estava preocupado com o que poderia acontecer depois. Diogo participou do encontro. O encontro terminou. Ele se divertiu e, sem hesitar, começou a pensar em outra coisa.

A Teoria do Totem

Quando o assunto é mulher, os homens conseguem colocar tudo em categorias. Vou ilustrar isso com uma teoria que eu chamo de Teoria do Totem. Todos os homens têm um totem inconsciente que dita no que eles devem prestar atenção em determinado momento. Em outras palavras, os momentos-chave da vida de um homem são listados em certa ordem de importância. E o lugar que você ocupa nesse totem depende de muitos fatores, como sua disponibilidade, a atração que ele sente por você, seu comportamento e especialmente o momento da vida. Sobre esse último fator, muitas coisas influem: ele está pronto para ter uma namorada? Está feliz com a carreira? Acaba de sair de um relacionamento horrível? Está pensando em se mudar para o outro lado do país?

De acordo com a Teoria do Totem, é essa normalmente a ordem de prioridades do cara, mesmo após um primeiro encontro:

1. Carreira
2. Amigos
3. A mulher que dorme com ele no momento (não seja tola)
4. Cachorro
5. Você

Você está na base do totem, mas não é hora de ficar ofendida. Quando você entra na vida de um homem, ele já tem outras preocupações, assim como você. É hora de ser paciente e permitir que ele a coloque onde acha que você se encaixa. Mas saiba que você tem certo controle sobre esse posicionamento. Isso é determinado pela forma como você conduz o processo nas fases iniciais do relacionamento. Pressioná-lo, forçar sua presença e estar sempre disponível poderá gerar posições mais baixas no totem (mais ou menos no nível dos animais de estimação). Paciência, independência e mostrar-se como um desafio a colocarão nas primeiras posições. Talvez não seja a prioridade dele agora, e, na verdade, nem deveria ser mesmo. Mantenha os pés no chão, vocês ainda nem se conhecem direito! Dê a ele uma chance para que perceba como você é maravilhosa.

Além disso, esteja atenta a homens que colocam as mulheres no topo de seu totem baseados apenas na aparência. Eles tendem a perder o interesse rapidamente. E também cuidado com os que deixam tudo de lado e colocam as mulheres no topo já no primeiro encontro; se isso acontecer, fuja! É sinal de homens dependentes e carentes. Os melhores relacionamentos são aqueles em que você demora um pouco para chegar ao topo.

Porque ele ESTÁ A FIM de você

Você se lembra do garotinho que sentava atrás de você na escola e ficava puxando a sua maria-chiquinha? Pois então, você acabou de ter um encontro com ele. Só que ele não senta mais atrás de você nem você usa mais maria-chiquinha. A coisa agora funciona assim: você sai com ele, ele gosta de você e fica nervoso de ter que ligar outra vez porque está a fim de você. Esse cara é fácil de entender. Ele se divertiu, mas está tentando praticar a famosa regra dos três dias, e por isso está se obrigando a não ligar para você.

A regra dos três dias se aplica mais a caras com os quais você saiu do que aos que apenas pediram seu telefone. Dê uma chance a ele, mesmo se não ligar depois de três dias. Se estiver a fim de você, ele vai ligar. Ele está apenas escondendo o jogo para não se magoar. Ele não quer ligar tão rápido e parecer muito carente. Você tem a sua estratégia, ele tem a dele.

Para ele, ligar é comprometer-se

Uma mulher espera apenas um próximo encontro com o telefonema, mas, para um homem, ligação sugere compromisso. Após ligar, ele terá de passar mais tempo com você, ligando, mandando mensagens, e-mails e, sem que perceba, estará comprometido com você, sua família, filhos, cachorros, plantas... uma lista interminável que ocupa as cabeças masculinas. Parece loucura, mas é verdade. É como o homem processa a simples ligação no início da relação. Ainda que tenha vontade de ligar para você, e assim chegar mais perto da sua cama, qualquer homem tem medo de que a ligação seja interpretada como um pedido de comprometimento, o que pode ser assustador se ele não estiver preparado para isso — eis outro detalhe no qual homens e mulheres são diferentes. A mente masculina tende a se lembrar de todos os pontos ruins de relacionamentos passados, enquanto a feminina se lembra dos bons momentos. Quando vocês têm um ótimo encontro e ele consegue imaginar você como uma possível candidata para um relacionamento sério, todos os obstáculos parecem crescer em sua mente.

Quando um cara começa a ver em você características que a fazem parecer uma futura companheira, seu subconsciente traz de volta uma série de imagens negativas de relacionamentos passados. Se ele não se assustar muito, uma hora vai ligar para você. Mas, se ele não ligar por acreditar que é um grande passo para um relacionamento sério, é hora de dar um "gelo" nele para que possa perceber os aspectos positivos em vez dos negativos. Isso não é fácil. Na verdade, pode ser a parte mais difícil. Nosso conselho: SEJA PACIENTE, não entre em pânico e não ligue para todo mundo que você conhece pedindo opinião sobre o *seu* caso. Esse tipo de coisa demora um pouco, então use esse tempo para ter certeza do que *você* quer.

Observações positivas (dele)	Medos (dele)
1. Você é independente	1. Gosto de saber que ela não é do tipo grudenta. Seria uma namorada perfeita. Mas já fui enganado antes. No início ela é muito independente, mas logo se mostra incapaz de sair do meu apartamento.
2. Você não é uma garota de farra	2. Minha mãe adoraria essa garota. Ela sabe cozinhar! Quem sabe cozinhar hoje em dia?! Meu Deus, por que estou querendo apresentá-la a minha mãe? Jurei que não apresentaria mais ninguém a minha mãe. Não quero essa dor de cabeça de novo, depois do que aconteceu com minha ex. Elas ainda se falam por telefone, isso me deixa louco.

3. Você não dormiu com ele	3. Estou muito a fim de dormir com ela; ela é tão sexy... Mas tenho medo de ela não querer. Por outro lado, não quero ofendê-la por não ligar. Quero me encontrar com ela outra vez. Peraí, o que estou dizendo? Se nos encontrarmos de novo, ela vai querer que eu dê mais de mim, e antes que eu perceba estaremos comprando coisas para a casa. Minha última namorada fez exatamente isso.

Ele acha que você não quer

Sim, é isso mesmo. Ele não ligou porque imagina que você não quer que ele ligue! Está surpresa? Não fique, isso é mais comum do que pensamos. Existem três tipos de mulheres para os quais os homens não ligam uma segunda vez por imaginarem que elas não querem. Se uma das descrições em seguida lhe é familiar, talvez seja a hora de analisar as vibrações que você tem enviado.

Miss Independência. É um primeiro encontro. O homem e a mulher procuram se conhecer melhor, e na mesa ao lado um menino grita, dizendo que odeia a comida. A mulher diz: "Crianças são um inferno! Francamente não tenho nenhum interesse em ter filhos." Ainda que seja verdade, para um homem é uma revelação inusitada, pois todos eles imaginam as mulheres querendo um bando de filhos. Mesmo sabendo que nem sempre é assim, a conclusão é de que a mulher do encontro não está interessada em crianças, homens ou qualquer coisa que a tire do foco de sua carreira, ou que não lhe permita fazer o que quer, na hora que quer. A *Miss* Independência parece ter muita energia, é autossuficiente e não poderia se importar menos com homens, casamento, filhos ou futuro. Pode ou não ser verdade, mas se o homem tem essa imagem da mulher, ela é verdadeira até que se prove o contrário.

Odeio Homens. Trata-se de uma mulher que já teve muitos encontros, é frustrada e está louca para encontrar um parceiro. Mas, em vez de se mostrar carente e ser gentil e agradável, age como uma inimiga do gênero masculino. Ela normalmente traz à tona relacionamentos passados, culpando os ex por tudo de errado que tenha acontecido entre eles. Mulheres assim adoram se reunir para falar mal dos homens, e nunca, nunca estão felizes. Estejam sentadas numa lanchonete ou num avião rumo a Paris, nada é bom o bastante, pois elas não estão felizes consigo mesmas, e por isso nenhum homem seria capaz de satisfazê-las. Elas nunca têm um segundo encontro.

Miss Pedestal. Esse tipo de mulher se põe tão acima dos homens que eles imaginam não despertar qualquer interesse nelas. Tais mulheres normalmente saíram de relacionamentos pouco satisfatórios e juraram que nunca mais voltariam a errar no amor. Elas se colocam acima de todos e esperam ser tratadas como mulheres especiais, forçando o homem a se ajoelhar por um primeiro encontro, e assim por diante. São francas quanto a suas expectativas: onde querem morar, como querem viver e o que aceitariam em suas vidas. A vida delas é planejada de forma que nada as faria mudar de estilo — nem um homem nem ninguém. Tais expectativas são irreais, e nenhum homem é capaz de aguentar uma mulher assim. Elas se colocam numa posição inalcançável, e lá permanecerão... sozinhas.

Ele tem a Síndrome do Criançāo

Esse tipo é um menino de 16 anos no corpo de um homem de quarenta. Por isso, seu comportamento em encontros é como o de um adolescente. A Síndrome do Criançāo é comum mesmo entre os homens mais bem-sucedidos. Devido à falta de maturidade, qualquer comportamento adulto, como ligar para uma mulher depois de uma noite incrível, o deixa desconfortável.

O encontro de uma cliente minha é uma demonstração clássica desse comportamento: ela era uma jovem adorável que me procurou buscando conselho após um encontro desconcertante com um cara bonitinho de seu prédio. Eles sempre se esbarravam, até que finalmente ele a convidou para sair no fim de semana. O encontro foi num lugar bem legal. Os homens eram lindos, as mulheres pareciam modelos. Fiquei surpreso quando ela disse que isso a incomodou, porque ela com certeza não ficava para trás. Mas logo entendi por que o encontro foi um fracasso. Ela disse ter ido ao banheiro e, ao voltar,

encontrou o tal cara conversando com outra mulher. Ele não parecia se importar, chegou até a apresentar as duas e continuou a falar com a outra.

Após 15 minutos, uma terceira mulher apareceu, e ele passou a dar a ela tanta, ou mais, atenção quanto já dava à segunda. Quando minha cliente disse que estava indo embora, ele respondeu dizendo apenas um "nos vemos por aí". Quando se trata de lidar com um cara que sofre da Síndrome do Criançāo, você tem de ser a adulta, não pode simplesmente se sentar e aceitar suas atitudes imaturas. Na verdade, deve deixar bem claro que essa atitude é inaceitável. E deve estar pronta para aceitar o fato de que ele poderá não amadurecer nunca, o que não deixa outra escolha para você a não ser encontrar homens mais adultos, enquanto ele brinca com os amigos no parquinho.

Ele é um solteiro convicto

Esse cara é diferente de um jogador. Ainda que tenham características parecidas, um solteiro convicto pode ser ainda mais frustrante para uma mulher, pois ele nem finge. Ele deixa bem claro que poderão se divertir muito no momento do encontro, mas que não há esperança de qualquer futuro juntos. Ele não está a fim de compromisso, nunca. Ao falar de futuro, nunca usa o *nós*, sempre o *eu*. Quando se trata de um solteiro convicto, não espere por um segundo telefonema na semana do primeiro encontro; talvez apenas dez dias depois. Ele não vai ligar porque sabe que, se fizer isso, terá de convidá-la para sair mais vezes, e isso pode indicar mais do que encontros casuais. Para um solteiro convicto, tempo é um luxo, e ele tem muito, pois não planeja deixar de ser solteiro. Se o cara com o qual você saiu não ligou, ou esperou mais de dez dias para fazê-lo, são grandes as chances de estar lidando com um solteiro convicto. Meu conselho: esqueça esse cara.

Você ligou antes

No minuto em que disca o número dele após o primeiro encontro, você mostra de uma vez por todas as cartas e abre mão de qualquer controle da relação. Não estou exagerando. Pense nisso. Quando você pega o telefone e liga para ele, está estabelecendo os parâmetros do relacionamento, se é que você terá um depois disso. Caberá sempre a você decidir a hora e o local, enfim, agir como o homem da relação. Se ligar para ele querendo dizer que se divertiu muito no encontro, ou pior, "só para ver se ele está bem", o cara vai pensar uma dessas coisas:

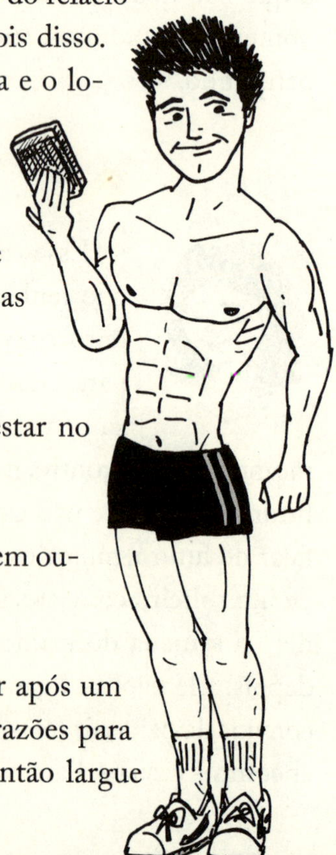

- Que você sente necessidade de estar no controle
- Que está desesperada
- Que vai sufocá-lo caso se encontrem outra vez

Se você tomar a iniciativa de ligar após um primeiro encontro, ele terá todas as razões para não convidá-la para um segundo. Então largue esse telefone, não abra seu e-mail e não envie "aquela mensagem de texto curtinha". Você deixou bem claro que está interessada. Se ele não corresponder, é hora de voltar à terra dos solteiros e procurar outra pessoa para sair.

Você não serve para ele

Nada indicava que ele não ligaria. Não havia nenhuma bandeira vermelha, e ele inclusive *chegou a dizer que ligaria.* Então por que o seu telefone está mais silencioso do que um mosteiro? A pura verdade é que não é fácil encontrar a pessoa certa. Ele talvez ache que você não serve para ele por uma série de razões, da cor do seu cabelo ao tom da sua voz, ou mesmo porque você não se preocupou muito em encher sua bola e alimentar seu enorme ego. A verdade é que você não serve para ele, e ponto final. Isso *não* significa que há algo de errado com você. Ou mesmo com ele. Não há solução para o problema, pois isso não é um problema necessariamente.

Nem todos os homens têm que se apaixonar por você. O cara certo vai aparecer e adorar o seu jeito, a sua voz e, esperamos, não vai precisar que você encha a sua bola. E esse nunca vai parar de ligar. Então não perca tempo checando o perfil dele na internet ou tentando encontrá-lo na academia. Vocês saíram, se divertiram, e pronto. Você tem coisas mais importantes para fazer, não fique parada esperando uma ligação!

Ele não ligou. E agora?

Se ele não ligou após uma semana e meia, é seguro dizer que ele provavelmente não vai ligar nunca. Mas *tudo bem*. Isso significa que você apenas não está perdendo tempo com um cara que não está interessado em você — por uma dessas razões que já falamos. Dez dias é tempo suficiente para resolver qualquer emergência, colocar as prioridades em dia e arrumar um tempinho para ligar para você (até mesmo se for um solteiro convicto). Saia dessa. Eu sei, vai doer, mas não muito... Esse cara não vai ligar e, se ligar depois de um mês ou mais, vai estar à procura de sexo, nada mais. Esqueça-o e aproveite o tempo para cuidar de si mesma.

➤ **Não fale sobre ele nem tente analisar o que deu errado.** Dez dias para analisar e imaginar se um cara vai ou não ligar convidando-a para um novo encontro já é tempo perdido suficiente.

➤ **Aceite que o fato de ele não ligar não tem nada a ver com você.** Você ainda é a *Bond Girl* que outros dez caras querem conhecer.

➤ **Passe para o próximo encontro o mais rápido possível.** Enquanto sua atenção estiver distribuída entre vários homens, você não ficará preocupada com apenas um. Mas não se desespere, quando o cara certo aparecer, você estará pronta para oferecer a ele toda a sua atenção.

➤ **Gaste na academia o mesmo tempo que você passou pensando nesse cara.** Nada pode ser melhor para ganhar confiança do que um pouco de malhação. Exercícios aumentam sua taxa de endorfina e a fazem se sentir muito melhor.

➤ **Apaixone-se... por você mesma.** Não há nada como passar um tempo sozinha, sem pensar em ninguém além de si própria. Vá ao shopping, saia com as amigas, corte o cabelo, leia um livro. Faça o que preferir, você não precisa de um homem para ser amada.

Ele ligou. E agora?

JÁ SE PASSARAM cinco dias. Você está muito cansada para conferir a caixa de mensagens do seu celular mais uma vez. De repente, escuta um som pouco familiar vindo da sua bolsa. É o seu celular, que voltou a tocar depois de tanto tempo. Você atende ao telefone. É ele! Atenção, pois uma ligação após o primeiro encontro pode ter armadilhas. Eis aqui algumas dicas.

Quando ele finalmente ligar, NÃO:

- Fale quanto tempo se passou desde o encontro de vocês
- Pergunte sobre o que ele fez durante a semana
- Diga como está feliz por ouvir sua voz
- Faça comentários ofensivos ou críticas a ele
- Fique ao telefone por mais de cinco minutos

Quando ele finalmente ligar, VOCÊ DEVE:

- Agir naturalmente e ser educada
- Deixar ele conduzir a conversa
- Depois de ele falar um pouco, brincar com algo que ele falou no primeiro encontro: um projeto novo no trabalho, o casamento de um amigo ou seu cachorro
- Falar casualmente sobre a semana agitada que teve (sem detalhes)
- Deixar claro que tem coisas a resolver, mas que gostaria de um novo encontro

Chegou a hora de preparar-se para o próximo encontro. Eis um *script* rápido:

- **Seu papel:** o único personagem que você deve encarnar é você mesma. Ele ligou porque está interessado, quer saber mais sobre você. Isso significa que ele quer sair com a mesma mulher do primeiro encontro. Não mude de papel, pois isso o fará questionar por que ele marcou um segundo encontro, já que no primeiro ele saiu com uma dama e no segundo, com uma festeira bêbada! Confie em mim, ou os créditos desse filme vão acabar rodando antes da sobremesa.

- **Roupa:** ouse um pouco mais no segundo encontro. Você encheu os olhos do cara na primeira vez, agora chegou a hora de mexer com sua cabeça. Procure valorizar o que você tem de melhor, ofereça alguns efeitos especiais que ele nunca vai esquecer.

- **O momento de tensão:** não parta logo para o contato físico. Ele ligou, mas isso não significa que você "deve" algo a esse cara. Saia e se divirta, mas não o encha de carinhos nem entregue que você estava louca para ouvir seu telefone tocar novamente. Deixe que ele tente um terceiro encontro e aprenda como a coisa funciona.

9
No quarto... e a manhã seguinte

Os ENCONTROS têm sido perfeitos. Na segunda e na terceira vez, ele foi um perfeito cavalheiro. Vocês jantaram e beberam bem; foi ótimo! Os quarto e quinto encontros foram mais tranquilos. Uma noite no cinema e no outro dia um almoço com a irmã dele. Melhor: ele nem tentou dormir com você! Bem, ele tentou... mas não ficou insistindo quando você disse que era muito cedo. Ele liga quando promete que vai ligar e sempre chega na hora. De onde saiu esse príncipe encantado? Você precisa agarrar esse homem.

Após se sentar para almoçar com a irmã dele, imaginando quando irão ao shopping juntas assim que ela virar sua melhor amiga, você tem certeza de que ele não é um jogador, e que está pronta para dormir com esse cara. Os últimos quatro encontros foram bem quentes. Foi preciso muito autocontrole para ir embora. Vocês têm se visto oficialmente por várias semanas, e talvez tenha chegado a hora de apresentar o seu quarto a ele.

Sexo. Chegou o momento?

Essa é uma pergunta difícil, e não existe resposta certa ou errada. Todas as pessoas e casais são diferentes. Mas, se um homem roubou seu coração e você acha que está pronta para dormir com ele, tenha certeza de que não está aceitando o sexo para mantê-lo ao seu lado ou para impor um compromisso.

Existem boas razões para incluir o sexo no relacionamento, mas você tem de estar certa de que não espera que isso vá torná-los namorados, o deixará mais próximo de você ou o convencerá a não sair com outras pessoas. Se ele ainda sai com outra mulher ou deixou claro que não está em busca de compromisso, não será o sexo que o fará mudar de ideia.

Homens não pensam como as mulheres quando o assunto é sexo. Para eles, é um ato físico. Para as mulheres, é um ato emocional e expressa quanto elas gostam de um homem. Mas a verdade é que você não pode ter qualquer expectativa após dormir com um cara. É isso: sem expectativas. Também não é boa ideia dormir com alguém só porque você acredita que esse é o passo seguinte no relacionamento. Antes do sexo, tenha certeza de que você entende em que pé está a relação e de que está satisfeita. Também tenha em mente que o sexo muda tudo. Na manhã seguinte à sua primeira noite juntos, você poderá se sentir mais próxima dele, ou mais próxima do fim da relação. Se você quer apenas um companheiro de cama, então não precisa se preocupar se ele vai embora no dia seguinte... mas se quer algo mais, tenha certeza de que sabe como vão as coisas entre vocês.

Isso me leva à seguinte questão: se você está tentando decidir se deve ou não dormir com um cara, procurar saber o que ele sente pode ser prejudicial. Homens não gostam de falar sobre seus sentimentos ou analisar a relação. Lembre-se de que somos nós as grandes comunicadoras, eles são bons com mapas e aparelhos eletrônicos. A verdade é que poucos homens sabem dizer o que sentem. Se você forçar o assunto, talvez ele não seja totalmente sincero ao tentar "compartilhar seus sentimentos". O melhor é observar seu comportamento para saber se vocês estão na mesma sintonia. Se não estão, o sexo não vai resolver o problema. Na verdade, se você incluir o sexo na relação pelas razões erradas, pode arruinar tudo. O quadro a seguir revela algumas dicas de como saber em que ponto do relacionamento ele está.

Ele está interessado se:	Ele só está interessado em tirar sua roupa se:
➤ liga quando promete e não cancela encontros.	➤ não fica muito tempo planejando seus encontros nem gasta muito dinheiro neles. Vai a qualquer lugar e não se importa em ficar em casa.
➤ a leva para jantar, ao cinema e faz planos.	➤ não encontrou com você mais de duas vezes nas últimas três semanas e manda mensagens de última hora para o seu celular a fim de saber se você estará livre à noite.
➤ a convida com antecedência, pois sabe que você tem mais coisas a fazer na vida. E quer ter a certeza de encontrá-la pelo menos duas vezes por semana.	➤ liga esporadicamente e sempre quando não tem mais nada para fazer.
➤ aceita uma resposta negativa quando o assunto é sexo. Ele entende que você está esperando o momento certo.	➤ quando você disse que não estavam prontos para dormirem juntos, ele saiu da sua casa resmungando.

Entre os lençóis

ENFIM, VOCÊ decidiu estreitar a relação e transar com ele. E agora? Que tal um mergulho na mente masculina para ver o que ele pensa na primeira vez que vai dormir com uma mulher que realmente lhe interessa. Acredite ou não, ele está tão preocupado com o grande dia quanto você. Veja:

"Certo, parece que realmente vai rolar. Legal, porque eu não queria passar mais uma noite tendo que fazer justiça com as próprias mãos. Na verdade, nunca esperei tanto tempo para dormir com uma garota... será que estou perdendo minha habilidade ou ela é mesmo especial? Seja como for, não vejo a hora de acontecer.

Faz um tempo que não transo. Tenho me dedicado tanto para que isso dê certo que todos aqueles telefonemas para um sexo casual foram por água abaixo. Mas graças à minha paciência, posso acabar tendo uma performance de adolescente... e isso, numa primeira noite, nunca é legal. O que posso fazer antes de entrarmos no quarto para ter certeza de que não vai ser muito rápido? Talvez eu possa correr para o banheiro antes e me preparar... Não, isso seria muito estranho! Certo, preciso me acalmar e pensar... droga!

Já sei, vou usar meu truque secreto e 'segurar as mãos dela na altura da sua cabeça'. Normalmente funciona em casos assim. Segurando seus pulsos acima da cabeça, vou resolver dois problemas de uma vez. Com as mãos presas, ela não vai conseguir me excitar a ponto de terminar tudo tão rápido, como um adolescente. E assim vou ter tempo de explorar aquele corpo lindo sem que ela me dê as direções. Que maravilha."

Vocês entenderam que a primeira preocupação dele é a performance. Homens estão sempre preocupados em corresponder às expectativas, e como serão avaliados pelas mulheres. Você, por outro lado, está preocupada com o que ele vai achar do seu corpo, se vai comparar com o de outras mulheres e com o que ele está pensando. Saber que a perspectiva do cara é outra pode ser favorável para você: não para fazer joguinhos, mas para ser compreensiva e assim evitar erros antes, durante e depois do sexo.

Em resumo: cabe a você decidir quando chegou a hora de dormir com um cara. Mas já que é você a responsável pela decisão do "quando", permita que ele decida o "que" vai acontecer (a primeira vez, claro). Veja como deixar ele imaginando que controla completamente a situação na primeira vez que vocês transam.

Os segredos do quarto para a primeira vez — por Matt

LEVE EM CONSIDERAÇÃO tudo o que é dito aqui e garanta um prazeroso primeiro *round*.

Garotas bêbadas não são permitidas

Você tomou uns drinques e finalmente tomou coragem para dormir com ele. Mas se você chegou cambaleando ao quarto, demorou para conseguir enxergá-lo ou teve dificuldade de tirar o vestido, melhor deixar para outra noite. Homens não gostam de mulheres bêbadas que não param de beijar e parecem não entender bem o que está acontecendo. Se você passou do ponto, em vez de dormir com ele, durma sozinha.

Silêncio é primordial

Conversar sobre o relacionamento na cama pode ser pior do que um banho frio para os homens. Isso não significa que você deve ser obediente, desinteressante e submissa — não há nada de errado com um papo meio "boca suja" (mas não exagere numa primeira vez, porque pode assustar o cara). Seja você mesma, mas não use esse momento para falar sobre o que sente ou sobre vocês dois. Quando se está na horizontal, não se perguntam coisas que podem gerar medo mesmo ao mais forte dos homens, como por exemplo: "No que você está pensando?" Caso esteja curiosa, saiba que ele só está pensando em como tudo vai ser maravilhoso!

Sem instruções, por favor

Não fique dizendo o que devemos fazer. A última coisa que queremos ouvir é instrução sobre como lhe dar mais prazer. Nós, homens, sabemos que vocês conhecem os seus corpos, sabemos que vocês têm "brinquedinhos" que às vezes funcionam melhor do que nós e sabemos que seu ex-namorado tinha um pé enorme... mas, por favor, nada de instruções na primeira noite. Não se preocupe, na próxima vez a gente pergunta a respeito do que você gosta!

Comportamento pornô só funciona em filmes

Gritar ou berrar como um animal não é exatamente algo que desperte nossa libido. Seja natural na cama. Os homens, quando estão realmente interessados em você, não querem ser entretidos ou convencidos de que você está superexcitada. Relaxe, aproveite o momento e responda de forma natural.

Segure o riso

Você está tão feliz e animada por ter chegado o momento que solta um riso quando ele está a ponto de tirar a cueca. Mandou mal... MUITO MAL! Homens não querem ouvir risadas quando sabem que estão sendo "medidos" pela primeira vez. Tente guardar tanta alegria para si mesma e não explicite tudo o que está sentindo no momento. Deixe que ele se concentre em você e aproveite a noite. Não deixe que ele pense que está sendo comparado com o último cara que passou pela sua vida.

Abra mão do controle

Para as mulheres independentes, que conquistaram o mundo dos negócios, que tomam conta de suas vidas, isso pode ser difícil de entender. Mas como um homem que sabe o que os outros homens dizem entre eles, posso garantir que preferimos estar no controle (ou pelo menos pensar que temos o controle) do ato sexual, ao menos na primeira vez. Isso não quer dizer que, começada uma vida sexual, você não deve fazer nada. Mas pelo menos nas primeiras vezes, deixe-o imaginar que tem o controle da situação (mesmo que todo mundo saiba que frequentemente não é o caso).

Três é demais

Se você quer esfriar o clima em tempo recorde, fale sobre o seu ex, ou pior, sobre a ex-namorada dele. Homens não querem lembranças do passado quando estão a ponto de ganhar intimidade com uma mulher. Não procure saber se ele sente por você o mesmo que sentia pela ex-namorada, nem diga que você está indo para a cama com ele mais cedo do que com o último cara com quem transou.

Não diga "eu te amo"

Se você pretende dizer "eu te amo" na primeira vez, não o faça quando já estiverem na horizontal. Homens são controlados pela paixão e ficam completamente imersos no calor do momento. Então, se você disser "eu te amo" e ele responder algo do tipo, é impossível saber se ele está sendo verdadeiro ou se está falando apenas da boca para fora para começar logo o ato. Caso queira muito se declarar (você não deveria fazê-lo primeiro, mas essa já é outra questão), espere os dois estarem na vertical, sóbrios e prepare-se para a resposta dele.

Deixe seus "brinquedinhos" guardados

Homens não estão interessados em conhecer os seus "brinquedos" na primeira vez que vocês transam. Deixe-os guardados.

Nós não gostamos de competir com aparelhos que levam baterias e fazem movimentos que não podemos fazer. Talvez mais tarde você possa usar um brinquedinho para esquentar a relação, mas não no início.

Não peça que ele fique

A maior parte dos homens tem muito respeito por você e pela intimidade que compartilharam, e por isso passam a noite ao seu lado. Mas se por alguma razão você encontrou um "fugitivo", o típico cara que vai embora imediatamente, louco para dormir sozinho, deixe-o ir. Não se preocupe, não é porque ele não está interessado em você. Na verdade, o problema é só com ele. Homens têm medo de perder a independência após dormir com uma mulher. Eles querem acreditar que ainda estão livres, ainda que estejam apaixonados por você. Deixe-o acreditar nessa historinha, e ele vai querer ficar da próxima vez... Quanto mais você pressionar para que ele fique ao seu lado, mais ele se afastará.

Excite o seu homem dos pés à cabeça

No sassybean.com perguntamos a cerca de cem homens o que os deixa excitados na hora da cama. Eis o que eles disseram! (Atenção: muitos desses fatores eram vistos como brochantes num primeiro momento, por isso vale o poder da confiança.)

➤ **Cheiro.** Seja qual for a roupa íntima que você estiver usando, eles vão ficar excitados. Mas é o seu cheiro que diz tudo. Homens adoram o cheiro de mulheres recém-saídas do banho, com cabelos limpos e uma gotinha de perfume no pescoço.

➤ **Pele.** Uma pele macia contra os corpos masculinos é muito excitante.

➤ **Mulheres que tomam o controle.** Homens gostam de deitar e deixar o controle nas suas mãos. Mas não tenha pressa, deixe que eles imaginem ter o controle nas primeiras relações. Você não quer que ele pense que você sempre vai comandar a relação na cama. É importante dividir o trabalho.

➤ **Brinquedos.** Quando vocês já estiverem íntimos, após algumas relações, apresente seus brinquedinhos favoritos ao seu homem favorito.

➤ **Preliminares.** Não deixe que sua vida amorosa esfrie quando estiver num relacionamento. Mantenha as preliminares vivas e atuantes. Isso é muito excitante e vai deixar o cara querendo mais.

➤ **Aventura.** Homens gostam de aprender novas coisas, especialmente no quarto. Quando estiverem íntimos, vale tudo.

➤ **Sua boca.** Ela é sexy e sensual; aperte-a, morda-a.

➤ **Pés.** Dedos bem cuidados são essenciais. Não se esqueça de ir à pedicure regularmente.

➤ **Nada de pelos.** Depilação já, não estamos nos anos 1970.

➤ **Bom hálito.** Balinhas de hortelã.

Se ele não quiser sexo

A GENTE JÁ falou várias vezes que os homens querem apenas uma coisa no início. Mas o que dizer do estranho homem que não está preparado para o sexo ou demonstra não estar nada interessado no assunto? Isso pode acontecer por várias razões. Vamos começar pela mais comum.

Ele está dormindo com outra

Isso não é nada fácil de ouvir, mas, se você está tentando levar um homem para a cama e ele recua quando você avança, talvez ele esteja se divertindo com outra pessoa. Se for esse o caso, o cara não está interessado em uma aproximação física e sempre encontrará uma desculpa esfarrapada para voltar mais cedo para casa ou dormir assim que se deitar na cama. Você provavelmente irá se perguntar por que ele quis sair com você, para início de conversa. É possível que ele esteja interessado, mas ainda não conseguiu livrar-se da antiga namorada, seja porque não tem coragem ou porque não está pronto. É importante levantar a questão e resolver o caso, para que você não fique achando que o problema é seu. Se perceber que ele está dormindo com outra e que não tem intenção de acabar com essa relação, tente não procurá-lo mais, assim ele poderá entender o que quer de verdade, e você não perderá seu tempo.

Ele está muito nervoso

As mulheres não são as únicas que ficam nervosas antes do sexo. Os homens também sofrem muita pressão. No fundo, eles não querem ser vistos como ruins de cama. Não são muitos homens que assumem, mas é a verdade. Caso esteja se comparando com seu ex-namorado, tenha tido uma relação frustrante no passado ou esteja sendo intimidado por você, poderá demorar um pouco para amadurecer a ideia de transar.

Confraria dos exibicionistas de mulheres

Ele a leva para *todos os lugares*! Você conhece todos os seus amigos e os pais dele a adoram, mas, por alguma razão, sempre volta para casa sozinha. Sempre. Encare o fato, querida, esse cara é membro dos "exibicionistas de mulheres". Em outras palavras, você está lá para impressionar os outros, mas ele não pensa em relacionamento a longo prazo. Ele pode ser doce, mas, se a coisa se prolongar desse jeito, talvez seja a hora de arranjar um outro homem para passar suas noites de sábado.

É também possível que ele tenha outra, mas talvez imagine que seus amigos a reprovariam porque não é suficientemente interessante. Também é possível que não se interesse por mulheres e não esteja pronto para revelar isso ao mundo. Não há nada que você possa fazer nesses casos, então, se as suspeitas surgirem, melhor seguir seu caminho.

A manhã seguinte

NA VERDADE, a manhã seguinte é mais importante do que a noite propriamente dita. Deixe-me explicar. A noite correu como você planejou. Foi perfeita. Ele fez tudo certo. E você também não se saiu tão mal. Foi capaz de se lembrar de tudo — exatamente como andar de bicicleta, a gente nunca esquece! Enfim, você caiu num sono profundo pensando em como podem ser felizes juntos. Mas antes de "uma vida maravilhosa juntos" vem a manhã seguinte... que pode não ser nada fabulosa, mas um tanto desconfortável. Imagine a cena: manhã. O sol bate direto nos seus olhos. Enquanto tenta enxergar alguma coisa, você se pergunta quem deixou as cortinas abertas. Logo, no entanto, você percebe que não existem cortinas e que esse não é o seu quarto. Ao se levantar, recupera alguma lembrança do dia anterior. Foi a sua primeira noite de sexo com o "príncipe encantado", que neste momento se aproxima da porta com duas brilhantes xícaras de café, um sorriso sexy e aqueles lindos olhos. Você imediatamente se dá conta de que ele talvez seja "o cara". E agora? Chegou a hora de dizer que o ama? Dizer que a noite passada foi o melhor sexo da sua vida? Ou o melhor é voltar a dormir e esperar que ele nunca lhe peça para ir embora? Nada disso. Como sempre, você tem de antecipar seus pensamentos aos dele. Você deve evitar ser a grudenta que não sai do apartamento dele. Siga as regras de etiqueta que apresentamos a seguir e sua vida será cheia de manhãs seguintes.

➤ **Não hesite.** Tome o café (mesmo um terrível café instantâneo), arrume suas coisas e vá em direção à porta. Isso não é ser rude, mas sim inteligente. Você é uma mulher ocupada, então siga em frente. O mesmo vale se ele tiver passado a noite na sua casa. Os homens não são iguais às mulheres. Após o sexo, eles não ficam em busca de confirmação de que você ainda gosta deles, então não passe a mão pelo seu edredom e lhe diga para voltar para a cama e ficarem abraçadinhos. Levante-se, escove os dentes, vista-se e rua. Pense nisso: foi a

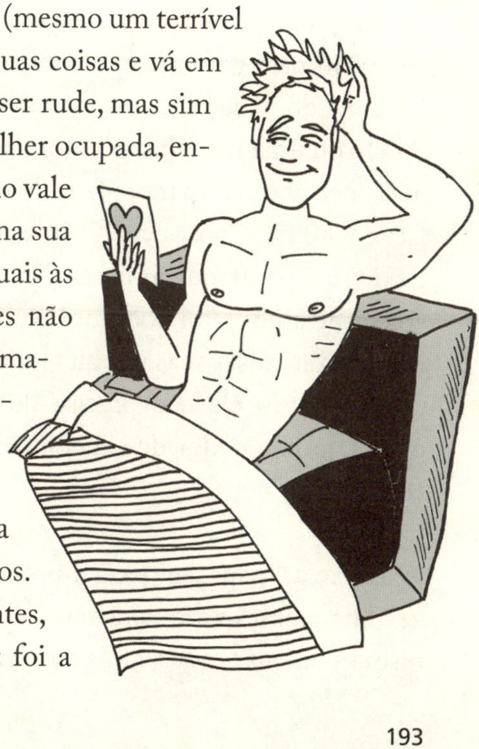

primeira vez que vocês dormiram juntos, ele não sabe o que esperar de você. Então, aproveite para impressioná-lo com seu desprendimento. Claro que ele se divertiu, mas pela manhã pode estar um pouco nervoso com a ideia de "relacionamento". Não o faça imaginar que, por ter rolado sexo, na semana seguinte você começará a busca por apartamentos. Deixe que ele saiba que você é uma mulher independente, que aproveitou a noite, mas tem que resolver suas coisas. Se ele oferecer café da manhã, agradeça educadamente e diga que você adoraria, mas que ficará devendo essa. Ele ficará tão impressionado com a sua independência que não vai demorar muito tempo para ligar outra vez e cobrar essa dívida.

➤ **Não demarque o seu território.** Não trate a casa dele como seu cachorro trata um hidrante. Sim, vocês finalmente dormiram juntos, mas isso não significa que você pode demarcar território para garantir que outras mulheres saibam que você é a dona do pedaço. Então, não deixe brincos, prendedores de cabelo ou uma mancha de batom no copo d'água que ficou na mesa de cabeceira para o caso de outra mulher passar por ali. Leve tudo isso com você. E nunca peça para deixar sua escova de dentes, pente ou camiseta. Não insinue que você pretende voltar. Se a noite foi boa, você realmente vai voltar e logo poderá deixar coisas suas por ali em uma gaveta no armário. Mas por enquanto ele não precisa de lembretes espalhados pela casa. Um prendedor de cabelo não o fará ter sonhos eróticos com você.

➤ **Deixe a "inspeção" para a próxima vez.** Olha, não vou dizer que assim que o cara saía do quarto eu não começava a bisbilhotar suas coisas atrás de um segredo terrível. Já fiz isso.

Já procurei em todos os cantos, até no celular do cara, para descobrir o que ele escondia. Se você faz o que minhas amigas e eu chamamos de "inspeção", o melhor é deixar isso para uma segunda ocasião. Já imaginou estar fuçando na mesa de cabeceira, e ele lá, parado, olhando para você? Se desconfia tanto do cara, talvez tivesse sido melhor nem ter dormido com ele. Mas se faz muita questão dessa "inspeção", espere outra oportunidade.

➤ **Não pergunte e não diga.** Ao sair na manhã seguinte, não pergunte se ele pretende ligar novamente e não diga que a noite foi linda. Isso é fundamental. Nesses casos, assuma que ele também teve uma ótima noite e que vai ligar, como tem feito. Se você perguntar, posso quase garantir que ele não vai ligar outra vez. E, se ligar, não vai ser porque quer, mas sim porque você praticamente o obrigou. E, se você disser a ele que foi a melhor transa de sua vida, ele vai sair correndo. Homens são como cavalos: se assustam com facilidade. É importante que ele não se sinta preso após a primeira noite. Faça com que ele entenda que nada vai mudar. Sim, vocês estão mais íntimos e agora se sentem bem mais próximos um do outro, mas isso não significa que você poderá esquecer a sua vida apenas porque o relacionamento avançou.

➤ **Passe seu tempo com outra pessoa.** Não ligue, ele vai ligar. Repito: se começar a ligar a cada cinco minutos, ele vai imaginar que você nunca mais o deixará em paz, e você ficará sozinha. Ligue para a sua mãe, para uma amiga ou mesmo para um ex-namorado (só se não houver mais nada entre vocês); mas não ligue para ele. Deixe ele sentir saudades e procurar por você.

➤ **Mantenha a boca fechada.** Isso pode ser o mais difícil. Não há nada de errado em contar à sua melhor amiga ou à sua irmã sobre a noite incrível que você teve, mas pare por aí. Não ligue para pessoas com as quais você não fala há meses apenas para dizer que está apaixonada, nem telefone para amigos em comum a fim de contar o que "finalmente aconteceu". Respeite a noite que vocês tiveram. Você não quer que ele ache que você não consegue ser discreta em relação à sua vida sexual. Isso o fará pensar que você não leva esse assunto a sério e que talvez não se importe tanto com ele.

O melhor *look* entre os lençóis

Que visual o deixaria mais excitado? Você deve vestir *lingerie* sexy, calcinhas confortáveis ou nada?

➤ **Homens de negócios:** ele quer uma mulher que vale milhões. Um *look* que valorize suas curvas, algo bem sexy, mas com um toque clássico... Esse homem é capaz de apreciar todos os detalhes da roupa que você escolher para se deitar. Use um lindo corselete com cinta-liga e uma calcinha bem pequena. E garanta que os sapatos de cetim combinem com seu *look*. Quando chegar a hora, continue de saltos altos.

➤ **Atleta:** ele é simples, doce e tão sexy! E não é preciso muito para deixá-lo feliz. Menos é mais. Siga as regras de seu jogo e tenha certeza da vitória. Um *baby-doll* com calcinha de algodão sempre faz sucesso com esses homens. Se os braços fortes dele não forem suficientes para esquentá-la, vista uma calça de pijama e uma blusa apertada que realce o melhor do seu corpo. Ele, com certeza, vai querer manter as luzes do estádio acesas para admirar cada detalhe seu.

➤ *Bad boy:* esse homem tem uma missão quando as luzes se apagam. Ele quer se divertir, mas sem nunca perder o controle. Não quer que você use nada "mais confortável". Então, procure caprichar na *lingerie*, compre calcinhas pequenas, estilo fio dental, ou use shorts acompanhado de uma camiseta meio transparente. No final da noite, você será a garota malvada.

➤ **Estudioso:** Ele é conservador, uma gracinha e sexy... gosta de um presente bem embrulhado, então, o melhor é combinar bem as peças. Um pijama de algodão que marque suas curvas pode ser uma boa ideia. Vista shorts e camiseta para as noites mais quentes, embora um conjunto clássico de calcinha e sutiã também o deixe louco.

➤ **Artista:** assim como Picasso pintou "Mulher ao espelho", o seu artista a vê como um ícone de beleza. Ele é culto, criativo e inovador. Ele deve gostar da sua beleza feminina como ela tem de ser — nua — entre os lençóis. Então, nada de gastar muita grana.

Após a manhã seguinte

O SEXO É capaz de aproximar as pessoas mais do que qualquer outra coisa. Mas também pode gerar muita confusão num relacionamento. Não é segredo que as mulheres têm controle sobre quando as coisas acontecem no quarto, mas você deve usá-lo de maneira inteligente e justa. Em outras palavras, não use o sexo como arma, esse é um dos maiores erros que as mulheres cometem quando querem que a relação avance. Se você dormiu com ele, mas, seis semanas depois, ainda tem dúvidas se ele dorme com outra pessoa ou se está interessado em um compromisso mais duradouro, não use o sexo para descobrir em que nível ele está. Seja honesta com você e com ele. Do contrário, pelo menos um dos dois terminará ferido. Eis algumas razões para *não* dormir com ele se ainda restam dúvidas:

Não dormir...

- simplesmente porque ele quer
- para ele não ficar frustrado
- porque ele a chama de difícil
- porque ele diz que isso aproximaria vocês
- porque você acha que assim levaria a relação a outro nível
- porque ele diz que a ama (e fala isso do nada)
- porque você não transa há um tempo e acha que conseguiria não envolver seus sentimentos
- porque você quer afastá-lo de outra mulher com quem ele esteja saindo
- para que ele passe a olhá-la como namorada, não como amiga
- porque você se sente culpada

Assim como todas as primeiras coisas num relacionamento, a primeira transa é um passo enorme. A diferença é que ela definitivamente altera uma relação, para o bem ou para o mal. Mas não se preocupe, você já sabe o que, como e quando fazer para se manter sempre por cima! (Desculpe, não pude resistir à piada!)

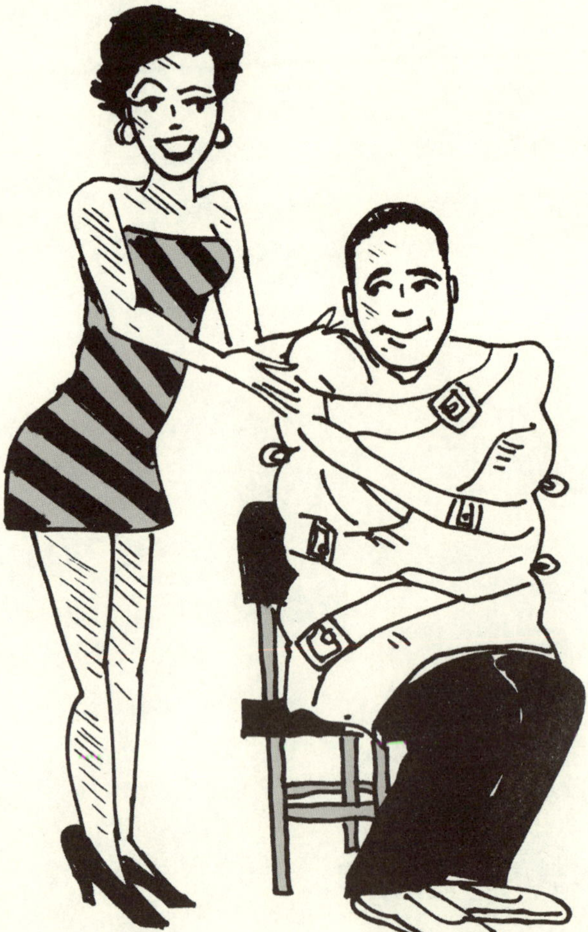

10
Compromisso e outras palavras com "c"

JÁ SE PASSARAM 12 semanas desde o primeiro encontro. Vocês têm se visto todos os fins de semana. Na verdade, todos os planos foram um sucesso. Ele já a viu sem maquiagem e já presenciou a pior TPM da sua vida. Ainda por cima, já agiu como um perfeito cavalheiro na primeira vez em que você passou um pouco da conta nos drinques.

E veja só: ele ainda está com você!

Isso é um relacionamento, mas será que ele é "o cara"? As mulheres são capazes de passar anos num relacionamento até descobrirem que estão com o homem errado. E só se dão conta quando percebem que ele está a fim de um relacionamento, mas não de um compromisso. Mas também pode acontecer que ele esteja loucamente apaixonado e pronto para dizer "sim", e você não esteja preparada para assumir um compromisso.

Mas vamos pensar no que você já sabe: ele liga quando diz que vai ligar e você não se pergunta mais: "Por que ele não ligou?" Agora a pergunta é: "Aonde isso vai chegar?" A essa altura do relacionamento, tal pergunta a assombra dia e noite, esteja você muito ou pouco apaixonada, ou apenas curtindo uma atração física. Neste último capítulo, vamos dar uma olhada nos três "c" que devem ser considerados em qualquer relação: "conveniência", "confusão" e "compromisso". Será essa uma relação de conveniência? Para que tanta confusão? Existe um compromisso com o futuro? Abordar os três "c" vai ajudar você a descobrir se ele é ou não "o cara".

Conveniência

CERTO, o homem conveniente. As mulheres têm dificuldade de assumir que estão num relacionamento por conveniência, não pelo amor apaixonado típico de contos de fadas. Todas esperamos o príncipe encantado no cavalo branco que nos protegerá do mal para o resto de nossas vidas. O problema é que o meio de transporte dele é um carro popular, não um cavalo branco; e, em vez de deixá-la nas nuvens, ele talvez prefira ver TV. Para se proteger, você tem um alarme em casa e um cachorro.

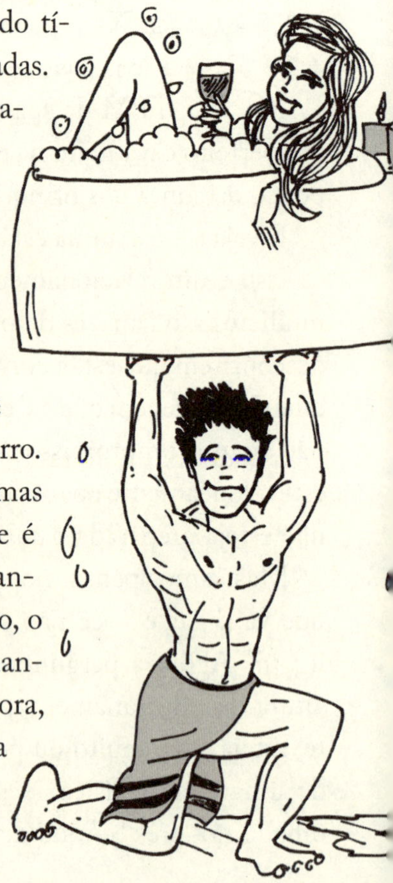

Mas o relacionamento tem algumas qualidades. O sexo é ótimo. E ele é um cara legal (um dos poucos restantes no mundo dos solteiros). Então, o que fazer? Seguir adiante ou se mandar? Você não quer terminar agora, mas não sabe se quer ser a princesa no castelo dele (ou no seu apartamento quarto e sala).

Então, o que uma garota como você deve fazer?

Eis o meu conselho. Antes de tomar qualquer decisão, analise os prós e contras desse relacionamento por conveniência. Os prós: você tem alguém para sair nos sábados à noite e uma companhia para eventos sociais como casamentos, aniversários e até para um almoço de domingo na casa dos seus pais. E ele é divertido, além de mais bonito do que muitos dos caras com quem você saiu nos últimos tempos. E ainda está apaixonado por você, a valoriza e é capaz de fazer o que for para vê-la sorrindo.

Agora, vamos dar uma olhada nos contras. Ainda que o sexo seja ótimo, vocês não têm quase nada para conversar fora do quarto. Aos sábados, ele prefere alugar uns filmes e ficar em casa a sair com casais de amigos para jantar. Ele também não para de falar sobre o futuro, e isso a deixa maluca.

Considere alguns pontos importantes. Não é necessariamente ruim estar com um homem por conveniência, depende do momento em que você está na sua vida. Talvez você esteja ocupada com seu trabalho ou tomando conta de seus pais velhinhos. Se está ocupada e ele é apenas uma pessoa para passar o tempo, talvez não seja ruim seguir com esse relacionamento. Mas pode ser uma grande perda de tempo para os dois caso você não seja sincera com ele a respeito disso. Um homem por conveniência é isso — conveniente para o *aqui* e *agora*, mas não necessariamente para estar ao seu lado em cinco anos. Se ele surgir na sua vida e você não estiver procurando um grande amor, aproveite o momento. Mas, se pretende se casar num futuro próximo, um homem por conveniência poderá ser uma perigosa perda de tempo.

Confusão

SE VOCÊ ESTÁ presa num relacionamento com um cara que não para de terminar a relação e reatar na semana seguinte, é importante parar um pouco e entender o que está acontecendo. Se ele manda mensagens dúbias, adorando você num dia e terminando tudo no outro, talvez ele esteja mesmo muito confuso. Ele não consegue se decidir se quer ou não um relacionamento sério. Você precisa saber o que está acontecendo, pois seu tempo é muito valioso. Vamos dar uma rápida olhada numa mente confusa para você entender melhor o que estou tentando dizer.

No momento em que um cara percebe que está num relacionamento, ele entra em curtos-circuitos. Isso é o que passa na cabeça de, digamos, Pedro:

Pedro acabou de deixar a namorada em casa. Ao parar num sinal de trânsito, uma linda garota cruza a rua e olha para ele, dizendo "Bela moto!". "Oh, meu Deus", pensa Pedro, "essa mulher está a fim. Tenho que conseguir o telefone dela. Eu poderia fazer um sinal para que ela me espere do outro lado da rua". Ele faz o sinal e a menina responde. Ele pensa: "Droga, o que estou fazendo? Sheila (a namorada) me mataria se soubesse disso. Por outro lado, o que os olhos não veem o coração não sente... mas como vou fazer isso? Temos planos para o fim de semana inteiro, e nos falamos a toda hora. Eu nunca tinha pensado nisso, mas talvez isso seja demais. Por que deixar passar a oportunidade de pegar essa gostosa? Eu não estou casado, nem noivo... Dane-se, vou encostar a moto." Então ele atravessa a rua e começa a diminuir a velocidade. "Caramba, que corpo! Peraí, meu telefone está tocando. Droga! É a Sheila.

Tenho que atender." Ele acena para a moça da rua e acelera a caminho de casa. "Não acredito. Deixei para trás aquela mulher linda. Que idiota. Talvez Sheila não seja a mulher para mim. Estou começando a me arrepender de deixar que ela me chame de namorado. Isso não é um bom sinal. Talvez seja a hora de levarmos um papo."

No seu apartamento, Sheila pensava por que Pedro foi embora tão rápido e não quis passar a noite com ela. Eles transaram pela primeira vez há três semanas, e ele já está demonstrando estar cansado da relação. Naquela semana, saiu duas vezes com os amigos. Parece que, quando começam a se aproximar, ele quer terminar tudo. Mas, alguns dias depois, ele se arrepende e começa a ligar outra vez.

Sheila tem razão de estar confusa. Pedro só oferece mensagens dúbias. Em certos momentos de suas vidas, os homens começam a valorizar uma verdadeira ligação com uma mulher. Essa ligação está mais baseada nos aspectos emocional e intelectual do que no físico. E é tão importante que eles não têm mais vontade de arriscar tudo por relacionamentos temporários, baseados unicamente na atração física, com alguém que mal conhecem. Mas como você mesma pôde ver, Pedro não resistiu ao cruzar com uma mulher bonita na rua. Para ele, a carga de um relacionamento com limitações sexuais estava pesada demais. É triste, mas é verdade, muitos homens podem se esquecer facilmente de um relacionamento apenas por causa de uma garota bonita com quem não podem se envolver.

Se você está saindo com alguém como Pedro, é melhor assumir que um dos dois não está preparado para o relacionamento. Não se permita ser um ioiô do cara. Não perca seu tempo com alguém que não sabe o que quer.

Mas, para alguns casais, uma ruptura é necessária para que haja uma aproximação. O tempo separado dá ao casal uma chance de ver o relacionamento com clareza, em vez de emoção. Se um de vocês está sinceramente interessado em empreender as mudanças necessárias para que o relacionamento funcione, tudo vai melhorar quando reatarem. Só não fiquem juntos por medo de ficarem solteiros. Sejam honestos e falem sobre tudo o que sentiram quando estavam separados. Dê ao relacionamento um tempo para se desenvolver. Isso pode dar certo ou vocês podem estar apenas adiando o inevitável. Na dúvida, eis alguns sinais para perceber que ele não é "o cara":

1. **Ele não é um homem de palavra.** Isso quer dizer que ele diz que vai fazer uma coisa e acaba fazendo outra. E confiança é uma peça fundamental num bom relacionamento.

2. **Você não é sua prioridade.** Amigos, trabalho, cachorro e computador ainda vêm antes. Se você nunca chega ao topo do totem, algo está errado.

3. **Seu passado está sempre presente.** Se ele não para de falar com a ex-namorada em longas conversas por telefone e compara você com ela, algo está errado.

4. **Ele é egoísta.** Quando tem de escolher entre você e os amigos, ele sai com os amigos. Só quer encontrá-la quando é conveniente para ele.

5. **Ele diz que não quer se casar.** Se ele diz que nunca vai subir ao altar, não pense que você poderá mudar a cabeça dele. Mesmo que seja difícil de admitir, talvez o que ele não pretenda é subir ao altar com você. Dê o fora.

6. **Ele traiu você.** Ele pode pedir desculpas, dizer que nunca tinha feito isso ou implorar por perdão. Mas, se um homem a traiu, esse é um bom sinal de que ele não é "o cara". Caso você resolva dar uma segunda chance, esteja preparada para viver tudo isso de novo.

7. **Ele exagera nas palavras.** Se ele a critica o tempo todo, fuja! Criticar tudo é inaceitável, independentemente do quanto você ama alguém.

8. **Ele não a respeita.** Na frente dos amigos, ele não demonstra respeito pelos seus sentimentos. Então, ele não serve para você.

9. **Ele critica o seu corpo.** Se ele sempre diz algo sarcástico quando você caminha pela casa, se você está sempre gorda ou magra demais e se ele a compara com outras mulheres o tempo todo, é óbvio que ele não gosta da sua aparência!

10. **Ele é tarado por mulheres.** Se vocês estão num restaurante e, enquanto você olha o cardápio, ele flerta com a garçonete, ele não está pronto para um relacionamento sério. E talvez nunca esteja.

Compromisso

Ele faz tudo certo. Liga quando diz que vai ligar, e quando vocês se encontram é sempre muito divertido. Isso significa que ele é "o cara"? Essa é uma pergunta difícil, porque mulheres não querem perder tempo com caras que não têm os mesmos planos para o futuro que elas. Mas ainda assim cometem o erro de pressioná-los por uma resposta e, nesse momento, destroem qualquer chance de um relacionamento a longo prazo. Assim que se assume uma relação, tudo passa a ter um novo significado para o homem. A dinâmica muda. Surpreendente, misterioso e inesperado são substituídos por previsível, repetitivo e esperado. Quando isso acontece, o homem tende a correr na direção contrária. Então, tenha certeza de que a sua relação é real e poderá durar, pois os homens precisam de um sentimento de "dúvida saudável".

Eu defino "dúvida saudável" como um sentimento que as mulheres fazem nascer nos homens ao agirem de forma independente. Se elas demonstram não se importar muito com um relacionamento a longo prazo com o namorado, ele começará a se perguntar quanto vale para a mulher. E então fará de tudo para dar consistência ao relacionamento. Então, nunca, em nenhuma circunstância, faça qualquer movimento no sentido de rotular um relacionamento em busca de maior compromisso. A seguir, deixo dez dicas de como descobrir se ele é "o cara", sem que você nunca precise perguntar de forma direta:

1. **Ele entende.** Sempre tenta ver o seu ponto de vista na questão. Isso significa que, mesmo que ele a tenha visto triste ou

chorando por alguma coisa mil vezes, ele sempre vai tentar acalmá-la e fazê-la sentir-se bem.

2. **Ele se declara.** Ah, aquelas três palavrinhas. Aquelas que tantos homens têm medo de dizer. Se ele diz "eu te amo" com frequência, e parece sair do coração, você é uma mulher de sorte. E é uma prova de que ele é "o cara".

3. **Ele demonstra.** Sabemos que muitos homens têm dificuldade em demonstrar seus sentimentos com palavras. Talvez ele use outras formas para se expressar, como levá-la para jantar quando percebe que você está cansada de cozinhar, ou entender que você precisa de um tempo sozinha. Lembre-se: ainda que ouvir seja ótimo, às vezes ações valem mais do que palavras.

4. **Ele escuta.** Ele se mostra realmente interessado no que você tem a dizer? Ele demonstra atenção absoluta quando você fala, sem direito a televisão como música de fundo? Esse é um importante sinal de que está preocupado com seus sentimentos, especialmente com o que você tem a dizer.

5. **Ele está feliz ao seu lado.** Sorri? Dá risadas? Fica feliz ao passar mais tempo com você do que com os amigos? Se ele não se cansa de você, é sinal de que está realmente apaixonado.

6. **Ele elogia.** Ele nota quando você muda a aparência. Ele gosta quando você se esforça para ficar mais bonita, e demonstra olhando-a admirado de cima a baixo, com um sorriso e dizendo que você está linda.

7. **Ele a admira.** Sempre diz quanto está orgulhoso de suas conquistas. Fala bem de você à família e amigos dele. Eis um sinal maravilhoso.

8. **Ele pergunta sua opinião.** Conselhos, ideias... quando está preocupado com coisas importantes, ele sempre quer saber o que você pensa, considera seus conselhos e os coloca eventualmente em prática. Não decide tudo sozinho.

9. **Ele está interessado no que você quer.** Vamos dizer que vocês estão assistindo à TV. Ele quer ver "24 horas" e você, a novela das oito. Você sabe como os homens são com controles remotos! Se ele deixar que você assista ao seu programa preferido, não de maneira rabugenta, mas porque quer fazê-la feliz, ele é especial. Se ele assistir ao programa com você, ganha pontos extras.

10. **Ele faz você se sentir especial.** Finalmente, ele é do tipo que sempre tenta manter vivo o romance? Mandar flores e chegar com café da manhã na cama são ótimos sinais de que ele se importa com você. Se ele sempre tenta fazer com que você se sinta especial, segure esse cara!

Pura diversão: o teste do amor, será que ele é "o cara"?

1. No meu aniversário e datas comemorativas, o presente mais comum que recebo do meu namorado é...
   a) uma linda joia
   b) uma noite de sedução com jantar e dança
   c) uma caixa de chocolates e um cartão fofo
   d) uma mensagem de texto dizendo que ele não vai poder ir

2. Na hora da cama, ele sussurra em seu ouvido coisas como...
   a) "eu te amo"
   b) "você é a mulher com quem eu sempre sonhei"
   c) "você me deixa louco, seu corpo é incrível"
   d) "me traz uma cerveja?"

3. Meu namorado e eu somos como...
   a) queijo e vinho
   b) Brad Pitt e Angelina Jolie
   c) Batman e Robin
   d) torcedores do Flamengo e do Vasco

4. Amar de verdade significa apoiar...
   a) as esperanças e os sonhos de meu namorado
   b) as decisões dele, mesmo que eu às vezes não concorde
   c) as coisas que ele gosta de fazer, ainda que às vezes não me inclua
   d) seu amor incondicional por Carmen Electra

5. O que ele mais gosta de me enviar como mensagem de texto é...
   a) saudades de você
   b) queria estar com você agora, não no trabalho
   c) não consigo parar de pensar em ontem à noite
   d) isso não está dando certo

6. A viagem romântica ideal de meu namorado é...
   a) uma viagem a uma ilha tropical deserta
   b) um fim de semana em Paris
   c) uma viagem ao interior para ficarmos em frente a uma fogueira, nos aquecendo
   d) uma noite na cadeia por desordem

7. O filme que melhor descreve nossa relação é...
   a) *Love Story*
   b) *Romance moderno*
   c) *Noiva em fuga*
   d) *Sexta-feira 13*

8. Meu namorado gostaria de ter como cachorro...
   a) um leal são-bernardo
   b) um adorável labrador
   c) um forte pastor alemão
   d) um raivoso chiuaua

9. Se ele cozinha para mim, normalmente prepara...
   a) um sensual jantar italiano
   b) champanhe e ostras
   c) um omelete e vegetais frescos
   d) pede uma pizza por telefone, de peperoni com queijo extra.

10. Nossa música é...
   a) "Endless love", Diana Ross
   ✓b) "All you need is love", Beatles
   c) "Ain't no other man", Christina Aguilera
   d) "Love stinks", J. Geils Band

Resultado:

Se você marcou mais...

A: É ISSO AÍ, GAROTA! Seu namorado é perfeito e ama você. Ele é "o cara".

B: PARABÉNS! Você tem um cara que se preocupa com você.

C: CERTO, ele pode não ser um George Clooney, mas é um cara legal e só pode melhorar.

D: FUJA! Ele é um idiota egoísta. Chegou a hora de jogar esse cara para escanteio e seguir em busca de mais letras "a".

Conclusão

NÃO SOMOS médicos. Não temos certificados de especialistas em relacionamentos. E não temos todas as respostas. Mas temos anos de experiência, as nossas e as de nossos clientes, com quem passamos muitas horas tentando entender o que acontecia com eles e arranjando encontros. Nossa missão com este livro é fazer com que você pare de checar sua caixa de mensagens o tempo todo depois de um encontro e esteja mais confiante quando conhecer um cara. Também queremos que você pense que não é errado estar solteira, você não precisa de um homem para ser feliz, mas (isso sim) você deve estar feliz com o homem que escolheu.

Uma última espiada na mente masculina...

Ele diz: "Adoraria ter mais intimidade com você, mas não quero acabar com nossa amizade."

Ele quer dizer: Não penso em transar com você, mas, como nos divertimos juntos, queria lhe dizer isso de uma forma mais gentil.

Ele diz: "Eu não me importo de você sair com suas amigas. É sério, divirta-se."

Ele quer dizer: Vou sair com meus amigos hoje ou outro dia, e você não vai poder reclamar.

Ele diz: "Os caras olham para você o tempo todo. Que orgulho estar ao seu lado."

Ele quer dizer: Por favor, deixe claro que você não está interessada em mais ninguém. Sou muito orgulhoso para perguntar.

Ele diz: "Adoro quando estamos juntos."

Ele quer dizer: Você é muito especial para mim, quero continuar saindo com você.

Ele diz: "Me ligue depois da sua saída com suas amigas. Quero ter certeza de que você chegou bem em casa."

Ele quer dizer: Quero ter certeza de que você está em casa, trancada, sozinha.

Ele diz: "Queria ter ligado essa semana, mas perdi a noção do tempo."

Ele quer dizer: Estava com outra mulher, ou com meus amigos, e não tive a oportunidade de ligar.

Ele diz: "Me liga qualquer hora dessas."

Ele quer dizer: Não estou tão interessado para correr atrás de você, mas, se quiser, me procure. Talvez eu atenda, talvez não.

Ele diz: "Não gosto de carinho depois de transar."

Ele quer dizer: Não tenho problemas em dormir com você, mas não quero demonstrar tantos sentimentos nesse momento.

Ele diz: "Adoraria me casar, mas este não é o momento."

Ele quer dizer: A hora certa nunca vai chegar porque você não é a garota certa para mim. Por isso estou usando essa desculpa patética para ganhar tempo e conhecer outras pessoas.

Ele diz: "Estou tão infeliz em casa, queria que minha namorada/esposa fosse como você."

Ele quer dizer: Quero dormir com você e não quero que você se sinta culpada por isso.

Ele diz (no momento — ou antes — de um primeiro encontro): "Nunca me senti assim. Não sei o que é. Estou ficando louco!"

Ele quer dizer: Já me senti assim, mas quero MUITO transar com você.

Agradecimentos

O MUNDO DOS ENCONTROS amorosos pode ser louco, mas gostaríamos de agradecer às pessoas que nos mantiveram sãos por amor a este livro. Não o teríamos produzido sem a dedicação e a generosidade de seu tempo e esforço, e, por isso, agradecemos do fundo de nossos corações.

Nada disso teria sido possível sem a inspiração criativa de nosso ilustrador e grande amigo, Eddie Varley, que não apenas entende nossas ideias, como também nos ajuda a dar vida a elas.

Obrigado a Bonnie Bauman, nossa editora, que moldou e dirigiu nossas ideias e palavras. E um agradecimento especial a nossa agente literária, Carol Mann, que acreditou em nós e em nossa visão, dando-nos um lar perfeito na editora McGraw-Hill.

A Johanna Bowman e a Deborah Brody, e a todos os colegas da McGraw-Hill: obrigado por acreditar em nós para fazer este livro.

A Karen Kelly, David Kelly, Marta Tracy, Rob Pearson e Dianna e Mike Feldman. Vocês ficaram ao nosso lado em cada passo da elaboração deste livro, e seremos eternamente gratos por isso.

A nossas queridas famílias e amigos, especialmente Carol e Jennifer Fadal, que leram pacientemente cada rascunho de *Por que ele não ligou?*: obrigado pelo amor, paciência e apoio.

Devemos acrescentar que não teríamos finalizado este livro sem as inúmeras latas de Rockstar Energy Drink, o energético que nos manteve acordados até altas horas!

Um grande beijo também a Matsen e Parker, nossos chiuauas, que pacientemente se sentaram em nossos colos durante as semanas que passamos escrevendo este livro, sem darem um passeio pelo Central Park! Prometemos compensá-los.

Finalmente, a todos os que trabalharam conosco e que compartilharam suas aventuras e desventuras amorosas: desejamos que encontrem todo o amor e a felicidade que merecem.

Sobre os autores

Matt Titus é o fundador de uma agência de relacionamentos em Nova York (Pequeno Livro Negro de Matt) que tem como clientes os solteiros de maior sucesso na cidade. Ele trabalha com sua mulher, Tamsen Fadal, e juntos orientam solteiros pela cidade, ajudando-os a encontrar o amor verdadeiro.

Matt apareceu na televisão como especialista em relacionamentos. Contribuía regularmente para revistas respondendo a questões sobre a vida amorosa de celebridades.

Matt e Tamsen participaram de um programa de TV que revelava os bastidores de suas vidas como consultores amorosos de sucesso. São também os fundadores de sassybean.com, um site que fala sobre vida e amor, além de uma revista on-line semanal com dicas sinceras de um casal real para mulheres que navegam nas águas, às vezes turbulentas, do mundo dos encontros amorosos.

Renomada jornalista, Tamsen Fadal trabalha com o marido, Matt Titus, como especialista em relacionamentos e consultora amorosa. Tamsen não apenas oferece uma visão feminina sobre os conselhos e comentários de Matt, como também trabalha com ele compartilhando os segredos para transformar pessoas solteiras em casais de sucesso.

Tamsen começou como jornalista, trabalhou na televisão, ganhou um prêmio Emmy em 2005 por seu instigante trabalho de jornalismo investigativo e foi nomeada para o mesmo prêmio em 2004. Já viajou a Londres, para cobrir atentados terroristas, e também ao Afeganistão, para cobrir a guerra.

Tamsen escreve uma coluna sobre relacionamento para uma organização nacional de mulheres, Divas Who Dine, respondendo a perguntas de mulheres de todos os Estados Unidos. Na vida pessoal, é ativa em causas de câncer de mama. Após perder sua mãe por causa da doença em 1990, apresentou vários eventos de caridade da Susan G. Komen Foundation pela causa, além de participar da caminhada anual.

Eddie Varley, ilustrador: Claro que você notou as ilustrações deste livro. Eddie Varley é o responsável por esses desenhos, e também cria para o site sassybean.com. Quando não está desenhando, persegue uma carreira de sucesso nos palcos da Broadway. Estudou arte na Tyler School of Art e no Art Institute of Philadelphia, e seus pais estão muito felizes por ele ter voltado aos pincéis.

Editora responsável
Cristiane Costa

Produção editorial
Daniele Cajueiro
Mariana Elia

Revisão de tradução
Izabel Cury
Isabela Fraga

Revisão
Anna Carla Ferreira
Eduardo Carneiro

Diagramação
Trio Studio

Este livro foi impresso em São Paulo, em março de 2009,
pela Lis Gráfica e Editora para a Editora Nova Fronteira.
A fonte usada no miolo é Adobe Caslon Pro, corpo 12/16
O papel do miolo é pólen soft 70g/m² e o da capa é cartão 250g/m².